ロッキング・オン天国

Blur Oasis The Stone Roses The Smiths Suede Elastica The Charlatans The Beatles Nirvana Beastie Boys Culture Club Wham! Beck Guns N' Roses Lenny Kravitz David Bowie Manic Street Preachers Paul Weller Aerosmith The Three Degrees The Rolling Stones Duran Duran John Lydon David Sylvian Bruce Springsteen The Stranglers Japan David Lee Roth Eurythmics Pink Floyd New Order Dinosaur Jr. Inspiral Carpets Pale Saints Ride Public Enemy The Byrds Taylor Swift Pet Shop Boys The The U2 Cheap Trick Faith No More Vanessa Paradis Kylie Minogue Transvision Vamp Bros Bay City Rollers Thom Yorke Rapeman Led Zeppelin Primal Scream Sheila E. Madonna Queen Coldplay Prince The Strokes Sonic Youth R.E.M. The Clash The Libertines The Style Council The Jam Happy Mondays Sting Sex Pistols Menswear Sugar Kula Shaker Weezer Veruca Salt Simon & Garfunkel Badfinger Blind Melon Kiss

増井修

イースト・プレス

1990→1996

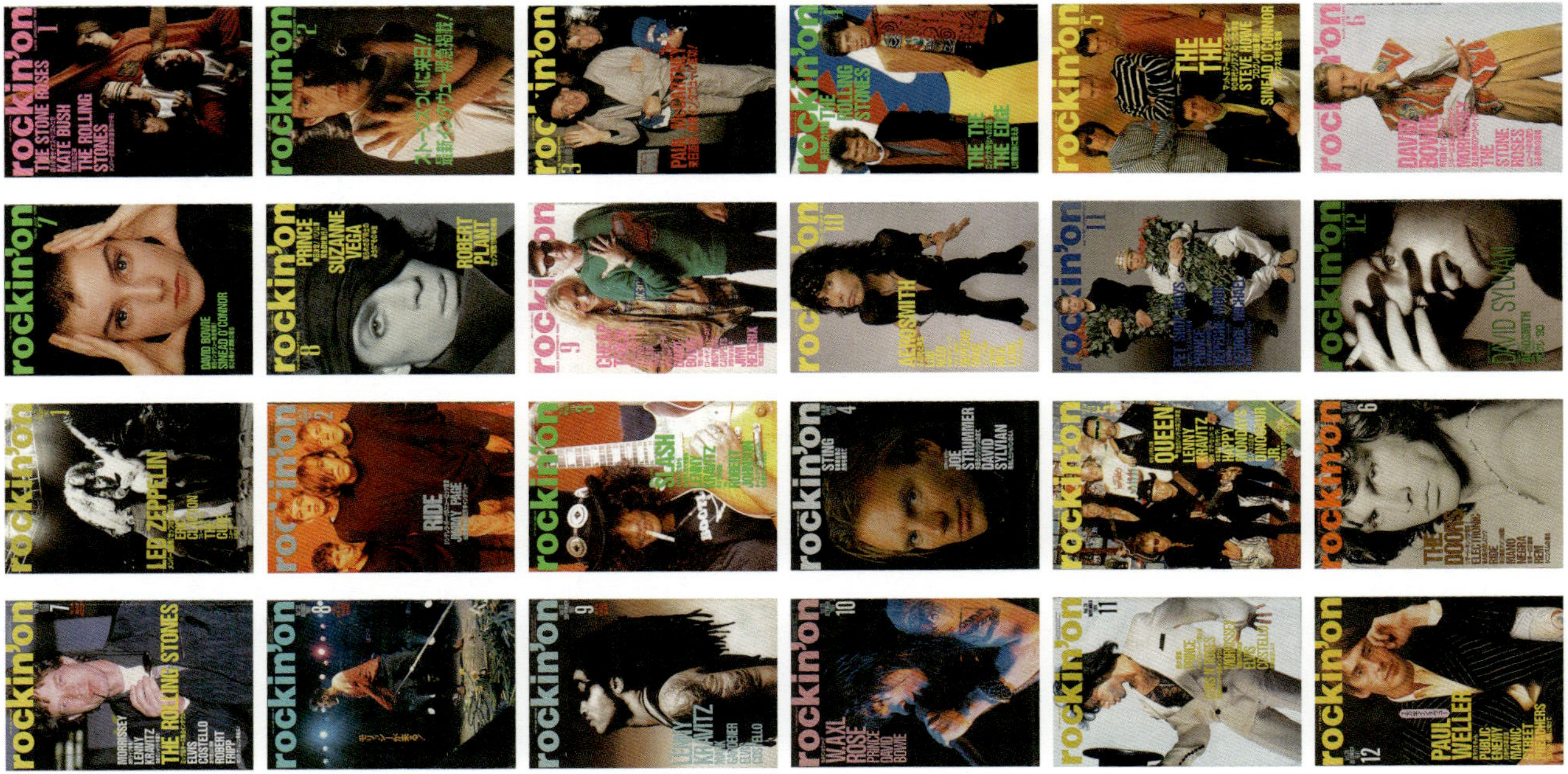

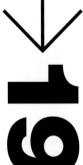

rockin'on
LED ZEPPELIN

rockin'on
7
SUEDE
スウェードは世界を震撼させるのか?

rockin'on
1
IZZY STRADLIN
SINEAD O'CONNOR
U2
ROLLING STONES

7
MANIC STREET PREACHERS
さらば、マニックス

rockin'on
1

rockin'on
2
私はポリスで一発当てました
Gordon Matthew Sumner
U2
RADIOHEAD
BLUR
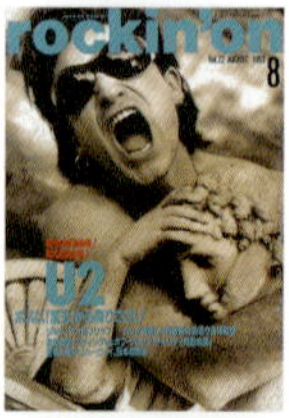
rockin'on
8
U2

rockin'on
2
PRINCE
LENNY KRAVITZ
NEIL YOUNG

rockin'on
8
FAITH NO MORE
BLACK CROWES
MANIC STREET PREACHERS
RINGO STARR
KEZIAH JONES

rockin'on
2
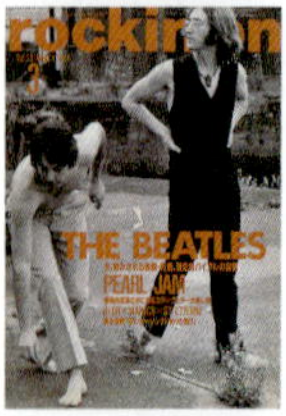
THE BEATLES
PEARL JAM

rockin'on
9
SUEDE
PAUL WELLER

3
MICK JAGGER
BRYAN FERRY
EDWARD VAN HALEN

rockin'on
9
LED ZEPPELIN

rockin'on
3

rockin'on
4
死ねなかった男の宿命

rockin'on
10
PAUL WELLER

rockin'on
4
LENNY KRAVITZ
DEPECHE MODE
RON WOOD
ELVIS COSTELLO
FAITH NO MORE

10
BRUCE SPRINGSTEEN
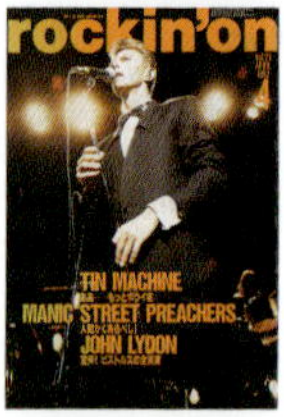
rockin'on
TIN MACHINE
MANIC STREET PREACHERS
JOHN LYDON

rockin'on
5
¥480
WORLD EXCLUSIVE!
SUEDE

rockin'on
11
PRINCE
NIRVANA

rockin'on
5
DAVID BOWIE
ジギーから20年、人間ボウイへの奇跡の誕生
SUEDE
そして、受け継がれしスターマンの系譜

11
キース・リチャーズ独占インタヴュー
さらに深められたR&Rとの契り
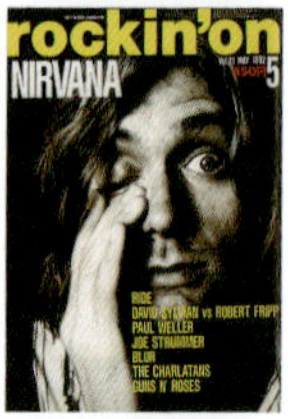
rockin'on
5
NIRVANA
RIDE
DAVID SYLVIAN vs ROBERT FRIPP
PAUL WELLER
JOE STRUMMER
BLUR
THE CHARLATANS
GUNS N' ROSES

rockin'on
6
ラスト・インタヴュー
BLUR

rockin'on
12
U2
JAMIROQUAI

6
BOWIE
VS
SUEDE

rockin'on
12
MADONNA
PUBLIC ENEMY
MORRISSEY

rockin'on
6
THE CURE
PRINCE
LITTLE VILLAGE
YES
KEZIAH JONES

rockin'on
BLUR
into the new phase
rockin'on
THE BEATLES
All Together Now!
rockin'on
rockin'on
rockin'on
AEROSMITH
rockin'on
DAVID BOWIE
RED HOT CHILI PEPPERS
rockin'on
MENSWEAR
MADONNA
BRUCE SPRINGSTEEN
rockin'on
rockin'on
rockin'on
THE ROLLING STONES
rockin'on
Sex Pistols
KULA SHAKER, BECK, SUEDE, JOHN SQUIRE
rockin'on
MICK JAGGER
THE STONE ROSES
MORRISSEY
THE SMASHING PUMPKINS
rockin'on
rockin'on
WORLD EXCLUSIVE!!
ストーン・ローゼズこそがロックを変革する!
PRINCE
rockin'on
THE BEATLES
rockin'on
Beastie Boys
Björk
LENNY KRAVITZ
rockin'on
これが90年代の証!
R.E.M.、歴史的武道館2DAYS!!
rockin'on
rockin'on
OASIS
Top of The World!
rockin'on
OASIS
rockin'on
スプリングスティーン、かく語りき!!
SUEDE
LOLLAPALOOZA'94
rockin'on
KULA SHAKER
OASIS
Prince, Pearl Jam, Ash, Lou Reed
rockin'on
BECK
rockin'on
KEITH RICHARDS
DAVID BOWIE, PULP, THE STONE ROSES, SUPERGRASS, GORKY'S ZYGOTIC MYNCI
rockin'on
rockin'on

ロッキング・オン天国

Blur Oasis The Stone Roses The Smiths Suede
Elastica The Charlatans The Beatles Nirvana
Beastie Boys Culture Club Wham! Beck Guns N'
Roses Lenny Kravitz David Bowie Manic Street
Preachers Paul Weller Aerosmith The Three
Degrees The Rolling Stones Duran Duran John
Lydon David Sylvian Bruce Springsteen The
Stranglers Japan David Lee Roth Eurythmics
Pink Floyd New Order Dinosaur Jr. Inspiral
Carpets Pale Saints Ride Public Enemy The
Byrds Taylor Swift Pet Shop Boys The The U2
Cheap Trick Faith No More Vanessa Paradis
Kylie Minogue Transvision Vamp Bros Bay City
Rollers Thom Yorke Rapeman Led Zeppelin
Primal Scream Sheila E. Madonna Queen
Coldplay Prince The Strokes Sonic Youth R.E.M.
The Clash The Libertines The Style Council The
Jam Happy Mondays Sting Sex Pistols
Menswear Sugar Kula Shaker Weezer Veruca Salt
Simon & Garfunkel Badfinger Blind Melon Kiss

2

自宅発18時

「ロッキング・オン時代のことを書け」という残酷な依頼はこれまでにもずいぶんあった。どうしてそれが残酷かと言えば、「今はろくでもない一般人以下の生き物なんだから、黄金の時代を書いたらさっさと死んでもらって構わない」とするニュアンスを言外に含んでいるからだ。これほど酷い話があるだろうか。家の整理整頓などしつつ現在も立派に暮らしている者に対して、「お前ははっきり終わってはいるが、一時の輝きをそれがたとえ偶然と勘違いの産物であったとしても、真に受けた往時の読者のために追認だの是正だのしてから死んでくれ。それも発案の動機は自分達の商売のためだがな」。そう言っているに等しいのだから。

それが一転、こうして書く気になったのにはいくつかの理由がある。

第一に、彼らが言う「そうして逡巡《しゅんじゅん》しているうちに過去のパワーすら思い起こせぬ弱体化が待っているのだからさっさとやれや」との要請が、あながち間違いとは思えなくなってきたことだ。近年は昨日の飲みの後にどのような言動をとったのかすら思い出せないことも多い。もしかして俺はとっても恥ずかしいことをしでかしていながら忘却しているのではないか。それを補正するためにメモを怠りなく刻んでいるのだが、まじまじと夕方まで考え込んでも追いつかぬことも多い。アルツハイマーや健忘症がしゃれでなく現実味を帯びてきたのだ。詳しくは書かない。

次には、本当にろくでもない読者が今もいることだ。例えば僕の傑作ライナーノーツのひとつであるオアシス『モーニング・グローリー』の原稿に対して、「ノリと勢いに任せていい加減なことを書いてんじゃねー」といった批判にもならない誤読が一部ネットでまかり通っている。「増井の慢心がこの頃はうかがえる」とかギャグこいてんじゃねーよと思いながら、優しい気持ちで今日まで来たが、老化すれば逆に一挙殲滅許すまじとの心理も働く。

一方で、正しく読んでくれた読者への責任をどうするのかという問題がある。実は当該のライナーにおいて、音楽業界に入るきっかけとなる熱気を与えてくれたなどと言いだすレコード会社の人がいたりして照れつつ困りつつも、庇護したいとの気持ちも芽生える。

僕はロッキング・オンを解雇され、「断じて不服」と東京地裁に提訴して解雇の撤回をさせて、かろうじて名誉の回復をした経緯があるのだが、それすら知らない人は「ただフェードアウトした」などとの印象を持ったまま、「乗じて盛り上がった己の青春は間違いだったか」との疑念を払拭できないでおり、それもよくない。

最大の問題は、編集長当時の原稿キャラのせいで、暴虐無礼の人格破綻者と、今も先入観を持たれてしまうことだろう。あれはね、サラリーマンだからやったことなんです。自分はサラリーマンとして、いかに自分を乗せていくかには大いなる関心があったが、そもそもが目立ちたいタイプではない。ところが萎縮緊張だけならばまだしも、なにやら身構えられて無益な問答を強いられることも少なくないし、なかには会うなり犯されるとの恐怖からか、腰をひいたまま用件に入る女性編集者なども確かにいた。とは言え、基本的には自分に責任があるのだし、ここらで共有できることを確認しておくべきだろうし、読者が知り得なかった情報を提示しておくのは悪いことではない。それはこちらにとっても無害どころか、実は「優しいアピール」の利益になるはずだ。

くれぐれも申し添えておきたいのは、編集長の7年間は僕にとっては特別な期間でもなんでもなかったということで、誰だって懸命に生きようとするはずだし、いつだってそうあろうとしているわけで。特段のパワーなんぞがあったわけではないのだ。このところは、売り文句とは異なるが、言っておきたい真実だ。

もちろん思い出し作業には合理化という名の、都合よい忘却や改竄が伴うが、それは自分としてはどうしようもない。幸いにしてこの本の編集者たる圓尾さんは、織田裕二をとことん弱気にしたようなナイスルックスながら、本当にぶちのめしたくなるような性格だったので、作業のしやすさといったらなかった。そのために逆に自浄作用が働いた気がする。あと、まとめをやってくれた20年前の部下・鈴木氏には一回り以上頼もしくなったテクと変わらない素朴さを感じた。これを読んでくれる読者も多分たくましくなったはず。大いなる感謝を述べたく思います。

２０１６年５月吉日

目次

ブラーvsオアシス

第1章

Blur Oasis The Stone Roses The Smiths Suede Elastica The Charlatans The Beatles Nirvana Beastie Boys Culture Club Wham! Beck Guns N' Roses Lenny Kravitz David Bowie Manic Street Preachers Paul Weller Aerosmith The Three Degrees The Rolling Stones Duran Duran John Lennon David Sylvian Bruce Springsteen The Stranglers Japan David Lee Roth Eurythmics Pink Floyd New Order Dinosaur Jr. Inspiral Carpets Pale Saints Ride Public Enemy The Byrds Taylor Swift Pet Shop Boys The The U2 Cheap Trick Faith No More Vanessa Paradis [illegible]gue Transvision Vamp Bros Bay City Rollers Thom Yorke Rapeman Led Zeppelin Primal Scream Sheila E. Madonna Queen Coldplay Prince The Strokes Sonic Youth R.E.M. The Cure The Libertines The Style Council The Jam Happy Mondays Sting Sex Pistols Menswear Sugar Kula Shaker Weezer Veruca Salt Simon & Garfunkel Badfinger Blind Melon Kiss

「ニッポンにUKロックを異常に盛り上げてるやつらがいるぞ」

1995年の8月14日、オアシスは〝ロール・ウィズ・イット〟、ブラーは〝カントリー・ハウス〟というシングルを同時にリリースすることになり、「さあ、どっちが勝つか!?」ってことでイギリス中が熱い盛り上がりを見せた。これはイギリスのメディアがまさに娯楽として仕掛けたもので、ブラーのほうがこの話にのっかっていく。オアシスは先に出すことが決まっていて、「俺たちはふっかけられたぜ」みたいなことを言っている。まあ最初から最後までブラーはいろいろと上手いわけだ。

ブラーは、オアシスよりキャリアが2年くらい長く、デビューも早い。ただ、最初の頃はあんまり相手にされていなかった。スマッシュ・ヒットになったセカンド・シングル〝ゼアズ・ノー・アザーウェイ〟は、いい曲だけど、ちょっとローゼズっぽくて、マッドチェスターの余波みたいな扱い。グレアムにそう言ったら「似てないだろう？　ブルースのスケールがあるだけだ」って怒っちゃったけど。

そもそも彼らがどういうふうに出てきたかというと、当時『NME』の編集長だったダニー・ケリーってのがいて、彼が『Q』に異動になった時、「こいつらは売れるよ」と置き土産みたいな形で残していったのがブラーだったそうだ。

95年9月号

95年11月号

ちなみにダニーは「なんかニッポンにUKロックを異常に盛り上げてるやつらがいるぞ」って、パワー・オブ・ドリームスというバンドの同行取材を名目に来日して、俺とH.I.P.「プロモーター」の林社長に取材し、それを記事にしたりしている。で、俺のところはちゃんと真面目に書いてるんだけど、林社長についてはなぜか「ミスター・ヒャシ」として登場し、ゴッドファーザーのパロディとして描かれる。会食がマフィアっぽかったんだろうな（笑）。完全にギャグとして、ヤクザの親分みたいに描写されていた。

『NME』は新たにスティーヴ・サザランドという男が編集長に就任するんだけど、そしたらスティーヴは「前任者はクソろくでもなかった。『Q』なんていう爺さんしか読まねえクソ雑誌に行ってくれて万歳だ」みたいな就任演説を載せてんの。そのへんゴシップ文化とゴチャ混ぜになってて、どこまで冗談か分かんないけど、敵意に満ちてるからどうも本気みたいで、ダニーもマジで怒っていたな。

それはさておき、ダニーによれば「ブラーっていうバンドが、どうも電車の中で女子高生の話題になってるけど、なんなのあれ?」っていう感じだったらしい。そんなところから火がつくって変な話というか、珍しいよね。それ以前のアイドルだったら、もっと芸能チックで、必ずレコード会社の仕込みと言われてもしょうがない要素を積極的に持っているわけで、インディーから出てくるアイドルなんていなかったはずなのに、そういうのがとうとう出てきた。

インディーがメジャーになった

この頃になるとレコード会社も、「インディー」というものがスミスの時代とは違って、区分けのないものとして利用できるという思惑があったんだろう。むしろインディーから先に出しておくことで、アーティストを本物に見せて長く売ったりできるという戦略があることも、実際に向こうのディレクターたちから聞かされたことがある。ラフ・トレード[1978年にロンドンで設立]が登場してきた頃とは違って、ナショナル・チャート予備軍というか、実態は大手なんですけど……みたいなところから、ブラーとかスウェードとかオアシスは出てきたわけだ。

ブラーのセカンド『モダン・ライフ・イズ・ラビッシュ』は大傑作だが、当初は全英チャートでベスト10にも入っていない。次の『パークライフ』でようやく本格的にブレイクして、オアシスとのシングル対決の時は4枚目『ザ・グレート・エスケープ』の時だった。一方のオエイススは2枚目『モーニング・グローリー』の直前。それくらいキャリアに差がある段階で、本当はケンカを売るもヘチマもないんだけど、そこでの時流の捕まえ方がブラー・サイドの巧みなところというか、結局その時のシングルも2種類リリースしたりして、とにかく勝ってしまう。だから、その後も、デーモン・アルバーンがオリンピックの曲作りますとか、ゴリラズでうまいことバランス保ってますとか、また再結成してバンドでやりますっていうのを見ていると、本当に政治的に長けてるというか、老獪《ろうかい》というか。

「ブラーVSオアシス」は、『NME』が中心になって、お祭りとしてやったことで、すごく盛り上がったのは確かだが、では、そこにブリット・ポップのなんらかの内実があったかというと、まったくない。ただの空洞だ。でも、意味がないからこそ大衆は頭を突っ込んでくるというか、誰だって分かるようなアングルになりえたわけ。だって、みんな「どっちが勝つだろう?」って思ったもんね。

『NME』1995年8月12日号

「ボンベイ・ロール知ってりゃ充分だ」

あと、当時まだ「中産階級VS労働者階級」という争いの構図が根深く残っていたとすれば、逆にそういう図式で盛り上げることはできなかったはず。実際その頃はもう「労働者階級のロック」なんていうものは幻想になりつつあって、数年後には労働党に政権が移行したし、サッチャー政権の暗い時代とは変わって景気もよくなり、それは要するにアメリカナイズされていくということなんだけども、まあイギリスはクソ貧乏から抜け出したわけだ。そうすると階級闘争みたいな図式も、まさにただの図式でしかなくなって、パロディみたいになっていく。だからこそ無責任に盛り上がれた。ブラーVSオアシスは、それを象徴する一件だったんだろう。

それでもリアム・ギャラガーなんかは、俺にくってかかった。「ジャスティーン・フリシュマン（エラスティカ）に、『あなた騙されてんのよ。オアシスの連中だって、もろ中産階級の典型の地域出身なのに、ワーキング・クラスのふりをしているだけなのよ』と言われたよと話したら、「あのおかしなバカ女は、40万ポンドのお屋敷をアホのパパちゃんに買ってもらいやがってんだから、まったくおめでたいよな。だから連中はクソなんだよ」とマジで怒り、「俺は16歳の頃から、60くらいのアイリッシュの親父たちと穴掘りやってたんだ」とか「俺はいまだに母ちゃんと一緒に公営住宅に住んでんだ」とか「マンチェスターなんざ一度も見たことねえんだろうよ。どうせなら目ん玉ひんむいてちゃんと郊外のクソだめみたいな町を見てこいってんだ」などなど、俺にとうとうと語っていた［95年11月号］。だから、もちろん階級格差がまったくなくなったというわけではないんだろうけど、昔より幾分かマシになってきたってことかな。

面白いのは福祉政策をどれだけやっても階級格差はなくならず、むしろ市場原理を導入したら物騒な対立概念がなくなっていったってこと。ロンドンも高層タワーぶったてて、古き良き街並みを変えていったら逆にお金が回るようになって、脱出不能に見えた貧乏人が少しは変わっていった。

ちなみに、この時のインタビューで、ジャスティーンに腹を立てたリアムは例の「ボンベイ・ロールも迷わずぶちかましてやる」とまで言い出すサービスっぷりで、オアシスも俺も『ロッキング・オン』も、ホントこのボンベイ・ロールで一気にブレイクした気がした。「やったあ、仲良くなったよ、みんなと」ってね。読者がライヴに行っても「ボンベイ・ロール知ってりゃ充分だ」って合言葉みたいになって（笑）。

続・パン

作・和田ラヂヲ

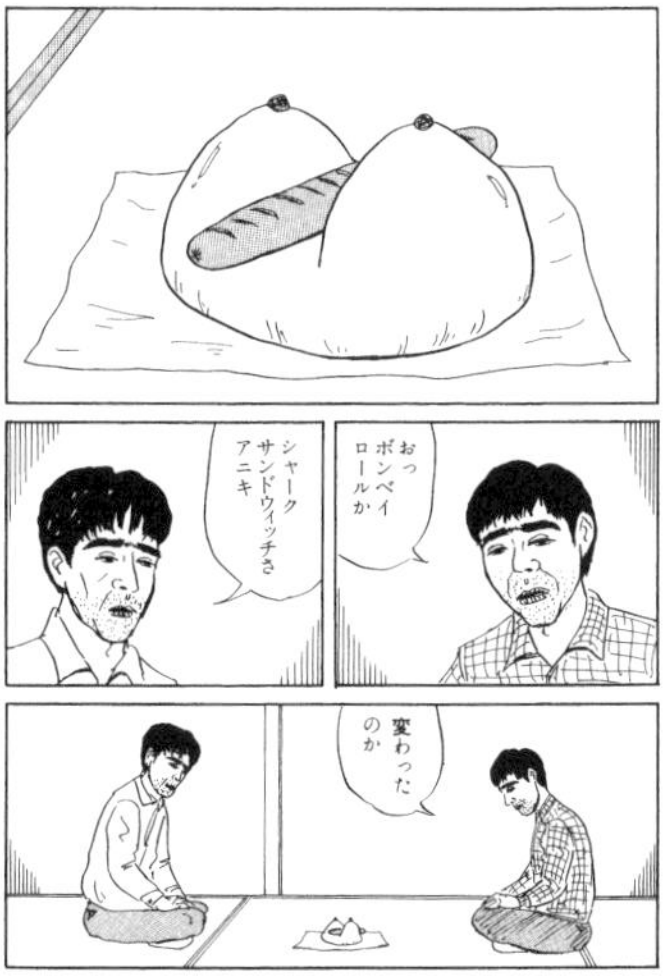
おっ ボンベイ ロールか
シャーク サンドウィッチさ アニキ
変わった のか

ボンベイ・ロールとはパイズリのことであり、はじめて聞いたので同郷のシャーラタンズにも確認をとったところ、「シャーク・サンド

ウィッチ」と言うんだそう。ここはスウェードにも聞かねばアンフェアである。「パール・ネックレス」。こっちは事後を描写した、まるで漫画化されていないただのエロです。

プロレスを音楽業界に持ち込んだ

ブラーとオアシスのシングル対決で面白いのは、ブラー・サイドには勝ったこととか、勝ったことにどんな意味があったかなんていう質問は誰もしないというか、ただひたすらオアシス側を刺激するためだけにこの話があったみたいな印象があること。しかもオアシスが怒れば怒るほどブラーが売れる構造すら感じ取れる。

まあ、勝った負けたっていうプロレスを音楽業界に持ち込んだってことだけど、わざわざ同時発売にして、勝ち負けを決めるなんていうことは、後にも先にもなかった。普通なら発売日がぶつかると食い合って売上が減るから意図的にズラすものだが、それを「さあ、どっちが1位だ?」なんて、完全にプロレス番組だ。そんなふうに遊べるようになったんだということだね。

それと、地元マンチェスターでは、マンチェスター・ユナイテッドよりもマンチェスター・シティのほうが人気なのに、ロンドンに行くとマンチェ人はユナイテッドを応援するという、セクショナリズムみたいなものも感じる。そういう、ロンドンVSマンチェスター、日本で言えば東京VS大阪みたいな要素も大きかったのだろう。ロック版の関ヶ原とでもいうか。だからマンチェの人は応援してオアシスを買ったのかも。

ただ、それほどふたつのバンドの支持者が分かれてたかっていうと、ほとんど違ってないよね。特に日本では、とても似たファン層だったと思う。でも、その中で「どっち派ですか?」みたいなことを話すにはいい題材というか、一方はラッド主義とか言ってる不良の兄ちゃん、一方は育ちのいい坊ちゃんみたいなイメージで、ネタとして分かりやすく面白かったわけだ。

曲はブラー、愛すべきはオアシス

個人的には、オアシスのレコードを日常的に聴くかっていうと、ぜんぜん聴かない。もはやイントロだけで何か分かったような気になってしまって、たまたま耳に入るくらいでいいかなと思ってしまう。もちろん〝ドント・ルック・バック・イン・アンガー〟は覚えなきゃダメだけど、カラオケで歌う以上の発見がない。ノエルの老生ロッカーっぷりがあの寂しいメロを生み、それをリアムが本気にしてしまったという構造上の面白さはあっても。

それに比べて、ブラーは結構聴いている。ここは、創造性に差があるというよりベクトルが違うってことなんだろうけど、再結成後の最新アルバム『マジック・ウィップ』[2015年4

月」にも往時に作ったんじゃねえかと思うような煌《きら》めきがあったりする。その正体は、やっぱりグレアム・コクソンのギターの音色が主導しているんだろうな。彼がギターに対する興味とか好奇心をいまだに失ってないからね。厨二病じゃないけど、それを一貫して探求してるので、だからブラーを聴く時はいつもギターを聴いてしまう。オアシスはもっとメロディ主体で飽きも早い。対してブラーの曲は妙な音がいっぱい入っていて不可解だ。ただし、海外でカラオケに行くと、オアシスはあってもブラーはない。入っていても誰も知らないので、歌っても盛り上がらない。そもそも〝フォー・トゥモロウ〟とか歌いにくくてたまらん。

そして、愛すべきなのはやっぱりオアシスだろう。よく思い出すのは、ストーン・ローゼズの楽屋にいたら、ノエル・ギャラガーが泣きながら「(その日に演奏された)〝メイド・オブ・ストーン〟がスゴいよお」って入ってきたこと。この人ホントに純粋だなあって実感したし、いつも癒しをもらっていた気がする。来日時にはリアムがホテルの部屋で2時間ごとに女をとっかえひっかえみたいな話も、昔だったら「ええかげんにしいや」みたいなことだけど、なぜか怒りも湧いてこないし、全然イヤらしい感じもしない。関係性がそれまでとは違っていて、友だちっていうか、「日本の女相手に好き放題だ！」みたいな植民地的なノリがなかったからだろう。

最初のドラマーをクビにした理由も面白くて、1994年に初来日した時、ローリング・ストーンかどこかのクラブに遊びに行ったメンバーが朝まで大騒ぎしたんだけど、そこで店にか

オアシスの初来日ライヴ（1994年9月、渋谷クラブクアトロ）

けてもらう曲のリクエストをバンド全員で出していたら、ドラマーがビートルズをリクエストせずにオアシスばっかりリクエストしたため、「あいつは向学心がない馬鹿野郎だ」ってことになって、辞めさせられたっていうのも、漫画チックで好きなエピソードだった。

オアシスの初来日のタイミングはとても良くて、ブラーの未熟さとかスウェードの神経質さとかもなく、フレンドリーで、場所もクアトロとかだし、しょっぱなからみんなで合唱すりゃオーケーって感じで、もう日本のアーティストみたいにハマっちゃった。時代が連中を迎え入れているって感じの幸運さが、いつでもどこでも周りに充満していたんじゃないかな。

シンパシーを抱いていたのはスウェード

同じ頃、スウェードはちょっと干された感じというか、ちょうどエアポケットみたいなところに入っていた。バーナード・

バトラーが辞めて「もうダメだ」みたいなことも言われていたし、1996年に出した3作目『カミング・アップ』は全英1位になるんだけど、なぜかあの時期には蚊帳《かや》の外みたいな感じだったね。

それでも自分が最もシンパシーを抱いていたのはスウェードで、実際にメンバーともかなり仲が良かった。来日したブレット・アンダーソンを囲んで各媒体の人間が集まる会合みたいなものが開かれた時、担当ディレクターが気を利かせて花見のできる場所にしてあげたことで、場所が洗足池《せんぞくいけ》になったんだけど、俺んちに近いからブレットに「魚を見に来る?」とか訊いたりしてね(笑)。さすがに来なかったけど。スウェードは新潟公演もやってくれて、電車で現地まで一緒に行くことになったら「おまえのホームタウンなんだな、いいコンサートにするよ」と言ってくれたりもした。その新潟での取材記事は『月刊新潟』と『ロッキング・オン』両方に載せている。

ブレットという人間に対して俺が特別な思い入れを持っていたのは間違いない。この人は、すごく才能があるけど、なんか古いというか、デーモンみたいにうまく泳いでないし、リアムみたいなアホでもなく、古典的に真面目な芸術家だ。そして、スゴく悩む人。

デビュー1発目のシングルは〝ドラウナーズ〟なんていうタイトルだが、要するに「溺《おぼ》れゆく人たち」っていう表現を衝動的に思いついたというよりは、知的で理詰めに考えて、かなり理屈から入ってる気がする。コンセプトもことさら明白で「恋愛に溺れる者は何も見えない」

という比喩を究極まで高めるっていうか、同性愛だとか近親相関だとかにまで持っていくということも、天才的にブッ飛んででぽーんといっちゃったって感じじゃなく、けっこう考えて努力して工夫しながらやってる感じだ。

「あれは辞めそうだ。あんなにブレットの悪口を言っていいわけない」

一方、ギタリストのバーナードはとてつもなく才気走った人で、そのぶん非常に扱いにくく、かなりタチ悪いっていうか、まあ、とても繊細な人ってこと。脱退する時も「スタジオに行ったら僕のギターがゴミ箱に捨てられていた」とか、そんな話を作ってしまい、作ったって言うのはそんな光景に見えたっていうある種の被害妄想で、そっから本当にひとりで『ノット・アローン』っていうミニ・アルバムを作るまで、ずっと地下のスタジオに籠《こも》ってたりした。

ブレット・アンダーソン(撮影・著者)

今はマーク・ロンソンなんかと一緒にやったり、ダフィーなんかを手掛けてたり、完全にアレンジャー／プロデューサーとして返り咲いたね。

1994年5月号では、バーナードにイギリスで取材して表紙にしたのだが、彼はこの直後にスウェードを脱退する。その時のインタビューでは、猛烈な勢いで喋ってるから何を言ってるか全然分からなくて、そしたら通訳をやっていた山下えりかが「これはヤバいわ」と言う。「なんで？〝ステイ・トゥゲザー〟はナショナル・チャート2位で破竹の勢いなのに」って訊くと、「あれは辞めそうだ。あんなにブレットの悪口を言っていいわけない」って。そして本当に辞めてしまった。

そういえば、その時バーナードに、ブラーとかオアシスに接する時のノリで、ジャスティーン・フリシュマンについて質問しちゃったんだよね。さすがに元彼のブレットには訊けないから、バーナードに軽くふってみたんだけど、そしたら後に、スウェードのファンジンを作ってる日本人の女の子から教えてもらったところによると、バーナードは「あのインタビュアー、ロクでもないこと質問してきやがって」と、とても怒っていたそうだ。

みんなが年間最悪ライヴに投票したブラーの初来日

ブラーの初来日公演［1992年2月］は、もう本当に「なってない」というか、それ以上に、観る側が彼らの演奏スタイルの文脈を理解できない、という感じだった。あの、ふにゃふにゃヘラヘラしたような態度がそれまでのロックの教科書になかったからね。それをリアムは「足腰が立たなくなるまでブチのめしたい」とか言ってたわけだ（笑）。英語で「のらりくらりしてる」って、「lazy」じゃないし、どういうのか分からないけど、まさにそれが新しかった。のらくらしたロック・バンドって、どんなバンドだよっていう。

予定調和的な盛り上げとか、強い音だったらいいだろう、みたいな単一方向性の振り幅なら分かりいいんだけど、そういうものを志向していないし、バラバラに出ているし、技術的にもヘタクソだったし、これは素人が見てもヒドいってことで、みんな年間最悪ライヴに投票した。でも、そのことがマイナスにはなっていない。つまり最悪ライヴってことでみんな記憶するんだけど、思い出としては最悪ではない。なんか知らんけどヒドいものを見て、もちろん喜びはしないし自慢にもならないけど、悪い気もしない。もう1回行こうかなって気持ちにさえなる。そういうつかみどころのなさが、ある一面から言うと最悪だけど、ある一面から言うと自分たちの気分を表してるっていうか。

それに、他の多くのマンチェ・バンドとかも最初に見た時は、あちゃーっていう違和感があったものだった。インスパイ

94年5月号

ラル・カーペッツがいくら朗々《ろうろう》と歌ってもどこかヘンテコリンだったり、シャーラタンズが16ビートを刻んでも何かあてずっぽうなんだけども、まさかのらりくらりではないからね（笑）。少なくとも「ロックで熱くなる」ってのがない時点で、ブリャーは先を行っていた。

その後はブラーのライヴに行くと、とてもロマンチックな気分になるというか、性的に燃えてしまうというか、そういう方向に収斂《しゅうれん》していった気がした。クライマックスがちゃんとある感じ。他にそういうバンドって、あんまりいない気がする。連中が大ブレイクした〝ガールズ&ボーイズ〟は「イビザ島でみんなカジュアル・セックスしようぜ」っていうノリを、ドラッグやダンス主体ではない、もうちょっときちんと形にしたものだろう。だから連中はイビザを本気でやらかしたスノッブではなくて、野次馬であって。先鞭《せんべん》をつけたんではないから、遅いと言えば遅いんだけど、その分ちゃんと表現としてエロに昇華するのに成功している。

むしろ導火線となったブリットポップの新しさ

しかしブリットポップって、要するに「昔のイギリスのポップを履修《りしゅう》しましょう」って身も蓋もないムーヴメントで、「やっぱりイギリス人は偉大だった」なんて、それこそドッグ・レースをジャケットにしたり、もう「アメリカ人なんて近寄らなくて結構」みたいな態度だと、そう思われがち。確かにシングル対決とか言ってても、アメリカは完全に蚊帳の外だし。

昔の人に言わせたら「ロックもここまで保守的になったらロックでもなんでもねえだろ」って言われて当然なほどなんだけど、「もういいんですよ、どうせ終わってますから」という開き直りとは程遠い軸が実はあった。だってさ、パンクの頃と比べたら断然開けているよね。全体の売り上げも日本での訴求力も。実際、復古主義という批判は、向こうでも見なかった。「ワールドワイドに成功しなきゃ嘘だ」、「実力はアメリカで成功してこそ証明される」ってな概念と決別できたことが、ブラーの場合は特に良かった。ただ一方でグレアムがアメリカのインディー・シーンの流れを気にしていたから、こういう方針が打ち出せたんだろう。

ノエルもアメリカのほうは見てただろうし、だからカート・コバーンに対する反応もあったわけだけど、それが〝リヴ・フォーエヴァー〟って、リアクションとしてあまりに単純すぎのまっとうすぎ（笑）。あらかじめ老けてた人ならではのロックらしからぬアングルで、これをリアムが完全に無視して歌うっていうアンビバレンツにこそまた個性があった。

96年4月号

　オアシスの初取材をやった時は、飛行機の中でデモ音源を聴いて、その時はまず〝リヴ・フォーエヴァー〟が断然にいいと思ったけれど、ロックバンドが「永遠に生きる」ってのもスゴいって思った。それまでは「ドント・トラスト・オーヴァー・

サーティ」とか言ってたはずなのに。だから〝ロックンロール・スター〟なんて曲もそんな額面通りの懐古趣味だったわけじゃないんだよ。

それではその時、アメリカはどうだったかというと、なんせ村が広いんで、扱いにくいったりゃありゃしない。ニルブナとかベック、ガンズとかレニーとかはいいんだが、ヒップホップがどうやっても音楽誌テキスト向けではない。

例えば、ビースティー・ボーイズには何回かインタビューしたけれど、当初はどうしようもない悪ガキ・キャラを全面に出していて、こちらが真面目なアプローチで質問を投げても、ずっとフェラチオのことばっかり喋っていたりした。それでも何度か取材しているうちに仲良くなって、いつだったか五反田で撮影した時、よくそんな情報を知ってるもんだと感心したけど、「目黒にすごく美味い蕎麦屋があるそうだから、そこに食べに行きたい!」と訴えてくる。でも、そんな時間の余裕はとてもないから、ここでいいじゃねえかって、その辺のうどん屋に連れて行き、「これがそのメチャクチャ美味い蕎麦だから」って、無理やり鍋焼きうどんを食わせた。外国人は「すする」ことができないから、熱い鍋焼きうどんなんか食えないんだけど、さあ時間がないから早く食え食えって、急かされるし、熱くて食えないし、そもそも美味い蕎麦だなんてウソだし、まさに三重苦。なお、その後ビースティーズは〝ソバ・バイオレンス〟という曲を作るが、それと、この件とは関係がないのかもしれない。

91年8月号

90年6月号

ボウイとスミスとスウェードの共通点

70年代のデヴィッド・ボウイ、80年代のモリッシー（ザ・スミス）、そして90年代のスウェード。この3組に共通するのは、言ってみれば「少女漫画メンタル」とでもいうか。スミスは〝ゼア・イズ・ア・ライト〟を聴いても分かる通り、「今夜どこかに連れて行っておくれよ。もう帰るところもないし、このまま一緒に死んじゃえれば最高」なんていう現実逃避をそそのかすものだし、ボウイなんかはまさしく地球から逃避してるしね。俺自身は別に少女漫画は好きでもないのだが、そういうちょっと夢見心地な幻想世界というか、アナザーワールドを夢想するっていう点が共通していると思う。ともかく、ボウイとスミスとスウェードに対する俺の思い入れというか、誌面でも押し出していた熱は、たしかに生半可でないものがあったと思う。

最初に買ったLP《ロングプレイ》レコードは『ジギー・スターダスト』だし、80年代に何をいちばん聴いたかと言えばスミスだったと思うし、スウェードが出てきた時には「やっと同世代で（正確には向こうが下だけど）こういうバンドが出てきた！」と狂喜乱舞し、彼らが解散を決めた2時間後に世界で最初のインタビューをとったりもした。

この3者には「エロ」という特性があると思う。俺にかかると全員エロかどうかになるなぁ（笑）。でも、「エロス・ミュージック」とでもいうか、「ロックにとってエロスとは何なのか？」ということを、それぞれがそれぞれの個性において解釈・再現していると言えるのではなかろうか。デヴィッド・ボウイの場合は、本人のバケモノじみた美形度によって担保されているということもあるが、やはり地球上に住民票がないっていう感じで、その非日常感がエロスの正体だった。

一方で、「モリッシー本人に萌えを感じています」というのは、日本では非常に特異なポジションにいる人だけかとも思うけれど、『ロッキング・オン』の当時の人気投票を見ても女性からの支持がダントツに高くて「えっ、モリッシーが1位？ それでいいの？」って思っちゃうくらいだった。もちろん不支持も断然多かったけど、思春期の女の子ってのは他者の性であれば残酷に立ち入って来るからな。

「音楽に負け犬ぶりがそのまま見えてて何が悪い」というパンク時代にはありえないスタイル——ジョン・スクワイアは「ペシミズムをロマン化してる」と正しく指摘していたけれど——そこに何かしら別次元の扉を開くものがある。スミスを聴くといつもそう思う。女のほうがモリに対して感度が高いのはやはり驚くべきことで、つまり男は彼に対しては突破しないと聴けない絶壁があった。たしかに、〝ディス・チャーミング・マン〟のギターはメチャクチャ難しいとか、このカッティングはキース・リチャーズの発展系だ、みたいな即物的な解釈もありつつ、やっぱりモリッシーの世界観があればこそで、ジョニー・マーの音はあれがなければできていない。

「俺を連れて行ってくれえぃ」という悲しくて寂しい気持ちに、夢のように同調するというよりは、その純度の高さ、一点突破でひとつの価値。文学なんて何の役に立つんだと言われれば、そりゃ役に立ちません、むしろ害しかないっすというのと同じで、その世界の構築度が高ければ、それは優れた表現と呼べる。

スウェードの場合は、ボウイとよく比較されたけれど、彼らは正面からテーマとしてエロをやっていて、ほとんどの曲がそういうものだと言って過言ではない。〝ステイ・トゥゲザー〟なんて「核戦争で地球上にふたりだけ残される、そん時もエロくやんねーか」という話。そういうシチュエーションで人は果たしてどうふるまうのか、というテーマだ。

ブレット・アンダーソンは当時のインタビューで「俺は実体験のないバイセクシャルだ」と発言して、向こうではそういう

93年7月号

のは特にタブーなので話題になった。まあ、彼ほど普通に女の人が好きなんだなあというか、ストレートな感じがする人はいないと思えるし、そこまで実際に倒錯の世界へ足を踏み入れて、そこで何か発見するってことはないと思うんだけど、究極の非日常・死ぬ間際の恋愛とか、自分の人格が相手によって瓦解させられるようなシチュエーションと恋愛の法則を上手に絡めている。だから、そもそも恋をしてセックスするっていうのは、それだけで既に物凄い非日常だぞっていうことを示唆していた。普段は意識化しないようなところを作品化していく作業だから、こういうタイプは苦労するんだよ。クスリに溺れるとかさ。理念から入った人の純度として結晶化されてるのがスウェードだろうね。日本人的な生真面目さや「改善」「努力の継続」といったロックとは程遠い言葉も彼らには似合う。

才能がないのに生き延びるマニックス

2014年のマニック・ストリート・プリーチャーズのアルバム『フューチャロロジー（未来派宣言）』を聴いたら、彼らに対する謎や不可解な部分、長年分からなかったことが、もうなんか氷が溶けるかのようにするすると自分の中で理解できた気がして面白かった。

どう面白かったのかを表現するのはなかなか難しいのだけれども、要するに「まったく才能のない人たち」。「こんなアルバムをいまだに作ってるのか？」っていうくらい、100年たっても変わらないようなメロディに、確信や核心のカケラもないリズム。保守の極致っていうか、悪しき情緒だだ漏れっていうか、よくこれやってるなっていう。

でも悪い意味ではなくて、こういうみっともなさ、才能ゼロにもかかわらず生き延びる、そしてある程度のポジションをキープする、このクソいやらしさこそがマニックスの本質。こんなダッセえレコードを、えんえんイヤミみたいに人々にあてつけて平気な感覚。「人間ってツライなー」みたいなのが、ひたすら聴いてる側に押し付けられる感じ。特に逆説的なもってまわった言い方をしていると思われたくないのだが、それによって過去のマニックスとのいろいろなやりとりも説明がついた。

92年7月号

デビュー当初のマニックスは、「1年しか活動するつもりはないし、そのうえで世界中で大ヒットしてナンバー1になる2枚組のデビュー・アルバムを作って解散してやるんだ」と時限爆弾のようなことをのたまい、それで人々の心にぐさっとぶっとい釘を刺しておいて、シーンから忽然《こつぜん》と姿を消すと宣言した。そうやってスパンを切ると当然、人の生は輝くという作用を得る。だって明日マグニチュード8.9が直下型できますとか、ガンであと1年ですと告知されるとかいうことがあったら、こんなとこでこんな話をしてないで、悔いがないように今を考えるはずだ。そうやって、もっと鮮明な人生を歩むだろうということは容易に推測できる。

　で、人はそうやって常になにかもっと瞬間的に後悔しないよう全力で生きたいという想いと、まったく逆に「いやあ、明日すぐ死ぬわけはあるまい」という安心感のもとで幸福を感じながら生きてく側面が両方ともあるのだと思う。70歳になっても年金もらってそれなりに暮らしているだろう、みたいな頭もどっかにないと、「その頃には俺は100%自殺してるに決まってる！」なんてずっと思い込んでたら、それはなかなかにいびつなものだろう。ロックは代々そういうふうに考える傾向があって、「ドント・トラスト・オーヴァー・サーティ」にしてもそうだし、あるいはポール・ウェラーも「街で輝いてるのは25歳以下の人間だけだ」とか言ったけど、そんな人たちもそこから先けっこう生きてて大した仕事をしてたりもする。

　マニックスは「爆裂してやる」とか言って、ロックの非常に極端な側面を見せるわけだが、当時そこにのっかるのは非常に危ないと思っていた。そっちの方にだけ振れて、特攻隊みたいなことを気取るという同調の仕方がとてもイヤだったのだ。それは人間の一面ではあるけれども、非常に極端なもので、円満な幸せというものがあってはじめて出てくる過激さみたいなものだという前提なくして、そういうイージーな盛り上がり方をするのは堕落しているとさえ感じていた。ロック雑誌として面白がるとすれば、「こんなこと言って大したもんだ、そういうマニックスの生き様で今を照らしていきましょう」みたいな方向に行きがちになるし、実際そうやって煽ったんだけど（笑）。一方で、俺は珍しく見開きページで今言ったような原稿を書いている。そういうことをしたのは、たぶん90年代で1回だけだったと思う。今で言うなら、シリアに志願兵に行くっていうのが何を前提にした発想かってのを考えればいい。

「彼のインタビューはもう2度と受けたくないんだ」

実際マニックスはソニーとアルバム5枚分の契約を結んでいたわけで、当初から矛盾しており、その突端がリッチー・エドワーズという存在だった。

1995年にイギリスに出張した時、カレッジでやっているライヴに行ったら偶然リッチーを目撃したことがある。その時の彼は目が真っ赤に腫《は》れていて、ぼーっとして、どうしようもない感じでポツンとしていて、声をかけてみたけれど、ニコニコしてはいるものの心ここにあらずという感じだった。ちょうど彼が失踪する少し前くらいのことだ。

彼らが結局解散しなかったり、リッチーがいなくなったらバンドやめるって言ったのに続けてるというなかで、俺はインタビューをし続けた。本としては結構みっともないというか、「『さらばマニックス』って書いちゃったら、それ一切もう扱わないんじゃないの？ なかったことにしてさ」みたいな意見も頂戴したが、それは違うと思う。「じゃあ嘘つきだったのか？」という話も含めて、その後の作品もちゃんと聴かなければいけないし、その中にしか答えはない。

そうやってマニックスを継続的に取材してきたのに、ある日突然、彼らは俺の取材を受けないと言ってきた。当時の担当ディレクターも必死に「彼がいなかったら日本でここまで盛り上がっていないし、これまでもずっとインタビューを受けてきたのに、なにを今更そんなこと言ってるんだ」と説得したのだが、ジェームスは「それは分かってるんだけども、彼のインタビューはもう2度と受けたくないんだ」と頑《かたく》なで、こっちには理由が何も分からないし、担当も分からないまま。

たまたまうちの近所に住んでる友だちで、マニックス大好きで、ジェームスとも親しい女の子がいたので、「一体どうなってるんだ。意味が分からないし、理由すら教えてくれない。おまえ訊いてみてくれ」と頼むと、彼女は「あの人は私の友人で本当にいい人だし、あなたが嫌うなんて信じられない」と説得してくれた。それでも向こうは「それは分かる、彼の人柄のせいじゃないんだ」とか、ますます分かりにくい返事で、もうなんか男らしくないというか、すがすがしくないというか。

いったい何が原因だったかと推測するに、どうやらその前のインタビューの最初の質問で「リッチーいなくなったら、バンドやめるって言ってたはずだけど、やめてない理由を教えてくれ」とストレートに訊いたのが痛かったらしい。イギリスのメディアは「そんなのウソに決まってるだろ」みたいな感じで相手にしてないから、そういう質問を一切していなかった。ところが日本人だけが「本当にやめるのか!」なんて切羽詰まっていて、それは『ロッキング・

オン』のせいでもあったわけだけど、とにかくそうやって盛り上がってきたこともあるから、こっちは彼らの発言のけじめとして訊かなきゃならない。

フランスで児島由紀子と一緒にインタビューしたのだが、終わってから児島さんが「あれ、ムード的には微妙な気配だったかも……」と言う。「現場では普通に喋っていたし、日本の俺らからしたら、とりたててマズい質問ってことはないと思うんだけど」と考えたものの、どうやら「なんて無神経なことを聞くんだ」みたいな感じで、ジェームスはそれがとてもイヤだったんだろう。いちばん痛いところを突きやがってってことではなくて、「もしかしたら死んでいるかもしれない人に対して不躾《ぶしつけ》だ」ということ。

しかしそれを、その場は笑顔で別れて何も言わないのに、数年して次のインタビューの際にそういう行動に出るという、何を根に持ったか伝えないまま突然縁を切るなんて、最低に男らしくない、なんていさぎのよくないやつらだと思ったが、しかし待てよ、もともとそういう連中じゃねえかと、この前のアルバムを聴いた時に発見した。

バランス感覚をもっているマニックス・ファン

マニックスは「ソニーと5枚契約を結んでいる」という部分が音楽の中にちゃんとあるはずなのに、そこを見落としていたように思う。誰にでも分かるポップさ、使い古されているんだけど長生きするメロディ。それらはどうしようもないほどダサいが、わりと広く人に伝わる種類のものだ。

ジェームスは「俺たちはオーディエンスが俺たちのことを大嫌いだっていうスタンスをとってくれた時にだけ落ち着く」と発言していて、その時も何かピンとこなかった。嫌われるということで自分たちのポジションを明確にするという意味は分かるのだが、肝心の音楽がそうは聴こえない。〝ユー・ラヴ・アス〟なんて曲を書くわけだけど、当人は皮肉な歌として作ったつもりなのにもかかわらず中身はマジで「ユー・ラヴ・アス」って合唱する曲になっていたりして、人に愛される要素を持っている。そういう矛盾、両面性があるから面白いっていう変な存在がマニックスであり、その本質的な部分とは、もう本当の能なし、延命地獄、何歳まで生きたら気がすむんじゃ、どんだけ健康に気をくばってんの、健康のためなら死ねるってか？　そういう感じなんだと、わりと理路整然と解釈できた。

今もマニックスのファンはかなり多いけど、その人たちは、彼らのものすごくダメダメで、穏便なところとか、「年をとっても日向ぼっこしてたいね、おばあちゃん」みたいな、そういうよさを分かってる人なんじゃないかな。誰だって、ただ長生きしたいとも思っていないし、明日死ぬとも思っていない、そういう両面を見られるバランスを持っている人じゃないと、このバンドにつきあっていけないだろう。

音楽的にも苦労して冒険とかしてみたけれど、どれもハマらないし、結局なんだか古臭いロックンロールをやった時が一番よくて、それもコーラスが入っているような、オーソドックスで適度にマイナー・コードで、みんなが歌えるような古典的なやつ。

そもそも本当にみんなから嫌われながら、1年で爆裂してやるつもりなら、もっと殺し合いみたいな音楽をやってないといけない。

マニックスはローゼズとマネージメントが同じで、ウェールズから4人で出てきて、当初は事務所の床で寝るような貧乏生活を送っていたから、そういう意味ですごくハングリーだったことは間違いない。売れたいっていう意欲は猛烈にあっただろう。

だからこそのブリットポップ

こうして見ていくとブリットポップの珍妙さも分かって面白いんだよ。あの意義っていうか、新しさは何だったかというと、イギリス人が偉そうに振る舞うのをやめたってこと。どうして今日ここまで生き残ってきたのか、なぜ今も洋楽の中心のポジションを取っているのかといえば、そういうことじゃないの？　俺は今でもブリットポップが好きだもん。その悲哀とか、客観性がね。

つまり、はじめて「かっぱらいの植民地主義」から脱却したってことなんだよ。かっぱらって調理するのが文明人だなんていう僭越《せんえつ》をくぐり抜けたんだと思う。高みからインドに何か真実がありそうだとか、東洋に神秘があるだとか、そういうのが馬鹿馬鹿しくてやめた。

だからこそ、ドッグ・レースではあってもあれは自尊心じゃないんだな。むしろ異文化を受け入れる態度としてあったんだよ。だってあれ、「英国人ならざるものはすなわち野蛮人」みたいな奢《おご》った気配どころか、自虐要素満載だよ。そういう排斥《はいせき》口調でやってないからみんな好きになってくし、オアシスやブラーはなんだかんだで嫌いになれないし、それがグローバルな語り口なんで、いまだ現役を張っている。

ストーン・ローゼズだってそう。俺たちが上から「かわいい」って呼んじゃっても一向に構わない無防備なものを、伝統に照らして無垢《むく》に紡ぎ出したんだよ。これは本当に見事なものだった。俺の取材を一切反故《ほご》にするなんて、マニックスだけが唯一かわいくないが（笑）。ただ、それもえげつない80S《エイティーズ》のしきたりとは違うんだよね。

第2章

新入社員時代

Blur Oasis The Stone Roses The Smiths Suede Elastica The Charlatans The Beatles Nirvana Beastie Boys Culture Club Wham! Beck Guns N' Roses Lenny Kravitz David Bowie Manic Street Preachers Paul Weller Aerosmith The Three Degrees The Rolling Stones Duran Duran John Lydon David Sylvian Bruce Springsteen The ...nglers Japan David Lee Roth Eurythmics ...k Floyd New Order Dinosaur Jr. Inspiral ...rpets Pale Saints Ride Public Enemy The Byrds Taylor Swift Pet Shop Boys The The U2 ...eap Trick Faith No More Vanessa Paradis ...ie ...gue Transvision Vamp Bros Bay City ...om Yorke Rapeman Led Zeppelin ...mal ...cream Sheila E. Madonna Queen Co...dplay Prince The Strokes Sonic Youth R.E.M. The C... The Libertines The Style Council The Jam Happy Mondays Sting Sex Pistols Menswear Sugar Kula Shaker Weezer Veruca Salt Simon & Garfunkel Badfinger Blind Melon Kiss

「社員数4人って、なにわけの分かんねえとこ行ってんだ」

1979年、俺が大学3年の冬、ロッキング・オンが第1回の社員公募を行なった。あとで知ったところによると、その時は200人くらいの応募があった。

当時やってた家庭教師のバイトの帰り、それを思い出して、あっ今日が消印有効の〆切だって郵便局に寄り、「これからのロッキング・オンは、とにかく岩谷宏《いわたにひろし》［創刊メンバーのひとり］が書いてるような観念主義はもういいから、金儲けに走らないと面白くもなんともねえよ」って、その場で書いて送った。

そしたら、その2日後か3日後、たまたま講演会があるってんで渋谷陽一が新潟に来て、呼び出されたの。本人から「渋谷ですけど増井君かなあ」と下宿まで電話がかかってきてさ。それで「これ、面接も兼ねてんのかなあ」ってドキドキしながら会いに行ったら、「まあ今のところ、君にしか会ってないから」とか言われて。こっちとしては大学4年を迎えるし、すでに自動車学校にも入学金を払ってる状態だったんだけど。

その直後に、うちの婆ちゃんが急に亡くなって、田舎だし、うちの父親も母親も兄弟のいちばん上で宗家《そうけ》みたいになってるから、親戚一同がどっさり集まった。そこで「ちょっと東京の出版社に誘われてるから、大学を休学して行こうと思う」って言ったら、もう非難の嵐（笑）。「やめとけ」とか「よりによって婆さんが死んだ時に何てことを言い出すんだ」とか怒られてさ。

でも行きたいから休学しますって決意を固め、大学の教務課にも伝えたんだけど、年が明けても渋谷陽一からはうんともすんとも言ってこない。とにかく何の連絡もないから、本気なのかなって、こっちから電話して「渋谷さん、どうなってんですか？　俺、採用なんですか？まだ悩んでるんですか？」って訊いたら、「じゃあ来てくれ」って話になって。

それで、とりあえず東京には出て来たんだけど、六本木にオフィスがあるといっても、じゃあどこに住んだらいいのかもまるで分からない（笑）。それで「都立大とか、東急東横線沿線のこのへんなら安いんじゃない？」とか言われて、最初に入った不動産屋で一件目に紹介されたところにすぐ決めちゃった。

ところが親は「そんなのもう勘当同然だ、社員数４人って、なにわけの分かんねえとこ行ってんだ」と怒り狂い、引っ越し代も出さんっていうから、最初の家賃とかも合わせて30万くらいかかった費用を渋谷がみんな出したんだよね。

それから大学には毎年「いやー、ちょっと経済的な問題がありまして、もう1年延長していただかないと〜」とか連絡して、「あ〜、分かりました」ってやってるうちに、もう毎年３月頃には教務の方から「今年はどうしますか？」って電話がかかってくるようになっちゃった（笑）。新幹線も通ったことだし、ゼミだけ通えば卒業できるから、そうしてもよかったんだけど、仕事がだんだん軌道に乗ってきて忙しくなってきたし、まあ別に卒業する必要なんかねえやって結局は辞めてしまった。だから、ウィキペディアの俺の項目に「新潟大学卒業」って書いてあったけど、俺は中退してるんで間違いだよ。

なんせ音楽業界の人は本をまったく読まない

ロッキング・オン社が第1回の社員公募をしたというのは、それまでは、ほとんど渋谷陽一の個人事務所だったものを、きちんとした会社にするかどうかっていう決意を固めたっていうこと。で、編集経験者じゃないどころか、人間社会すら知らないような、なんだかわけ分かんねえ地方出身の小僧を入れたという（笑）。実際、最初はものすごいとまどいがあった。

レコード会社のディレクターたちが「このバンド、どう売るかなあ」みたいな話をしにロッキング・オンのオフィスにやってくるんだけど、そのことを彼らは「遊びに来る」って表現してた。「○○ちゃん、遊びに来てよ〜」とか言ってて、「仕事なのに遊びに来るって何を言ってんだ、この人たちは。意味分からん」って思ったり。当然のように、その話の中身にもまったくついていけない。あと、普通の会社の人間なら、たとえ新人でも「○○さん」って呼ぶはずなのに、音楽業界の人たちは「選手」とか呼んでたんだよね（笑）。「増井選手！」とか呼ばれて、「あのー、俺は別に選手じゃないんですけど……」って。

つまり俺は、最初は出版界に憧れがあり、文筆で生計を立てる仕事につきたかった。編集者かライターかあわよくば作家に。エッセイを書いてとりあえずでも暮らしていけるのなら最高だと思っていた。だけども、実際に飛び込んだ先は、業態は出版でも業界は音楽っていう、このギャップが非常に大きかったわけ。

なんせ音楽業界の人は本をまったく読まない。音楽誌についてもレビューがよく書いてあるかどうかしか見ないし、いい原稿かどうかなんていう判断基準がそもそもなかった。だからカルチャー・ギャップが激しくて、いまだに出版社へ行くのは気が楽なんだけど、レコード会社に行くのはテンションあげていかないと追いつかなかったりする。だって「増井チャン！　どうなのどうなの？　北海道《どう》の南！」とか言う人がいるからね。「なにかなそれ、もしかして道南《なん》のことですか？」みたいな（笑）。お友だちノリで明るくて音楽好き、やたら調子はいいんだけど、体育会系なんだよね。

それから、当時の東芝ＥＭＩとかは慶應出身者が多くて、そういう「慶應で育って、そのまま溜池《ためいけ》でレコード会社に勤務しています」なんて人は、「六本木に行くには山手線には乗らないでいいんですか？」とか尋ねてるような人間からしたら、もう完全に異人種に思えてね。

しょうがないから、そういう人々に対抗して自分なりのまっとうなポジションを得ていくには、やっぱりバイク通勤したほうがいいだろうと思い立ち、パンチパーマもかけて、バイクに乗って会社に通うようにした。そうすれば「話にならない」という点において互角に勝負できるかなって思い込みでね。もう土俵が違いすぎてどうしょもない、諦めようってとこではタメになるかなって（笑）。まあ、これは半ばギャグだけど半ば本当の話。当時の渋谷陽一は、広告を出ししぶるレコード会社に「しのごの言ってると、うちの増井を向かわせますよ」って脅してた。ただ俺がバイクで行くっていうだけなんだけど、それは困るでしょって。

プロのライターが金を貰って書くクズ原稿なんか読みたくない

一発目にやった仕事でよく覚えているのは、写植を持ってデザイナーのところへ届けに行けと言われ、持って行ったこと。当時、『ロッキング・オン』をデザインしていた大類信《おおるいまこと》さんは福生《ふっさ》にいたんだけど、まず「福生って、どうやっていくんだ？」となり、今みたいに携帯です ぐ調べるわけにもいかない時代だから、地図を見てみるとドえらく遠い。大類さんに電話をかけて、「どれくらいかかるんですか？」って訊くと「いや〜、相当かかりますね〜」って言うんで、とりあえず立川までは出て来てもらうことになった。で、雪が降る中、立川で待ち合わせて、なんだかよく分からないまま写植を手渡し、帰ってきたらもう夕方だったんで、その日の仕事は終わり。

入社してから1か月間は、毎日ただ見てるだけとか、レコード会社に連れてってもらうだけとか、中身のある実務はひとつもせず、とにかく場慣れすることだけ考えろみたいな……特にそういう指示さえなかったけども、「泳がすだけ」だった（笑）。

　その1か月でしたことと言えば、エアロスミスについての原稿を書こうとして最初の1行を書いたのみ。その頃ギタリストのジョー・ペリーが、スティーヴン・タイラーとケンカしてエアロスミスを脱退し、やたら弾きすぎの、あまりよくないソロ・アルバムを出したんだけど、その作品について「進歩的なロックの疑似態様としてプログレッシブ・ロックならぬムード・プログレなるものがあるらしいが、ハード・ロックにもその語義を伴わない、ムード・ハードっていうジャンルもあるんだねえ」って1行目を書いたら、「うん、これ、いいんじゃない？　この続きはぜひ読みたい」みたいなことを言われて、そしたらその先ぜんぜん書けなくなっちゃって（笑）。

　そんなわけで、とにかく何もすることがないから、ユミちゃんっていう超美人の先輩、と言っても同い年なんだけど、その子と顔を見合わせて「行く？」みたいな感じで6時の定時まで待って一緒にエレベータに乗ると、速攻呑みに行ってた。公務員でもこうまで絶対暇じゃないって。

　当時の社員は、俺とユミちゃんと渋谷陽一と、後に区議になる、営業の大久保青志《おおくぼせいし》さん。今は世田谷区長の保坂展人《ほさかのぶと》さんのところにいる大久保さんはとても面白い人で、文章を書けないことにかけては天下一品だった。まず文字が何語なのか、あまりの汚さに誰もが判読不可能。渋谷陽一も悪筆は有名で「ゲシュタルト崩壊を起こしてる字」って奥さんから言われてたけど、大久保さんの場合は読むこともあたわず、書いた本人すら解読できない。誌面の中でもプレゼントのページは営業とも絡んでいたので、レコード会社から頼まれると書かなきゃいけないのだが、そうするとなぜか「詳しくはこちらへ」が「くはしくわこちらえ」になっていたりする。接続助詞が当時からナウだった（笑）。あと、アルファベット順にレコードを仕分ける時、スリー・ディグリーズをSのコーナーに入れたってエピソードもあったけど、さすがにそれは作りじゃねえかなと思う。

でも営業力はあるっていうか、人付き合いがとてもよくて、「今日は白竜のコンサートに行って、それからどこそこに行って」みたいな感じで、批評とかマーケ目的じゃなくって、とにかく楽屋だのイベントだの、人に会いに行くのが好きなタイプ。とにかく顔が広かった。そういう意味では政治家に向いてるよね。俺が入ってほどなくして、土井たか子が後ろ盾について立候補するという話になってロッキング・オンを辞めたんだけど、「うわ大変だ、政治家が出ちゃうよ」って、業界はみんな色めきたった。

そんなわけで、当時のあの会社周辺では裏方としての本作りのプロがひとりもいなかった。そもそもほとんどが投稿原稿まかせで本ができてしまっていて、その本を今後どうしていくのかという抜本的な会社方針というものも欠落していた。

見栄えよく言うと「これまでの音楽誌に載っている、プロのライターが金を貰って書くクズ原稿なんか読みたくない。自分たちのロックは自分たちの手で表現しようという人だけ書いてくれればいい」ってことだったんだけど、経営的な側面から見ると、タダで原稿が来るし、それを載せて、何も払わないで済むわけだから、こんなに良いシステムはない。

投稿で雑誌を構成することで、リアリティーのあるものができる、つまり主体性を持っているヤツが自発的に書く原稿ほど素晴らしいと言い切っていて、そこにウソはないけれど、ただ、そういうのを寄せ集めて作ると、凄まじく濃い本ができるわけ。とんでもなく煎じ詰めたギトギトの「2年ぶりに出しました」みたいな感じになってしまう（笑）。投稿者の中には、ちょっと危ない人もいるし、一般の商業ライター経験がないから社会性もまったく期待できない。それ以前に、まだ子どもたち、大学生とか高校生が書いてくるわけだしね。

後に、ちゃんと投稿にも原稿料を払うようになったのは、俺が払うようにしたいって言い出したから。『ミュージック・マガジン』よりも高い設定でシロウトに払ってしまうというのが狙いだった。

自分もロッキング・オンに入る前、2回ほど原稿が載ったことがあるんだけど、ただ本が送られてきただけなのに、「やったー、載ったー、嬉しい！　しかも本くれた！」っていう感じだった。その時は確か、タイガー・ジェット・シンとハード・ロックの構造の類似っていうのと、聖闘士星矢《セイントセイヤ》についての原稿だった気がする。あと『無法ポリスとわたりあえる本』［1979年発行。著者・千代丸健二《ちよまるけんじ》］のレビューも書いたな。一度も没にならなかったせいで才能あるのかもと思って。ただ、プロレスと漫画とバイク（笑）。原点からちっとも成長していません。

だから、実は俺は、そんなにヘヴィな『ロッキング・オン』の読者ではなかったね。姉が読者で、そっちはもう赤線ひいたりしてるんだけど、俺は「ヘンな本だなあ、どっちかというと怖い」と思っていて、高校の時は近づかなかった。大学に入ってレッド・ツェッペリンとか聴くようになってから、意図的に近寄ったんだ。俺にとって『ロッキング・オン』は、「タフネスを与えてくれる本」だったんだよ。

「おたくが出してるのは宗教の本ですか?」

ある日、会社にいたら、警察がいきなり「下のフロアから日本刀を持ったやつが来ませんでしたか?」って駆け込んできたことがあった。どうやら階下にヤクザの事務所があって、日本刀を持った男が暴れているという通報があったらしい。それで「大丈夫でしたか? お宅に不法侵入がありませんでしたか?」って。

あと、当時の常連ライターが、ある日本のバンド、リザードっていうんだけど、について「こんなことやってたらニッポンの未来はとんでもねえ」みたいな、原稿としての質はいいけど、とにかくボロカスにけなしてる内容の原稿を書いて、それを載せたらメンバーがマジ切れして本当にブン殴るためだけに来たこともあったそうだ。でも書いた当人は事務所でヘラヘラ笑ってるっていう、なんか不思議な光景だったらしい。そういうさ、暴力とペンが紙一重っていう時代だったから、今のネットやSNSのように「一億総おばさん化してからの監視社会」のうさん臭さもない代わりに、安全性はどこにも担保されていなかった。

無防備の極致っていうか、当時のオフィスには学生ライターがいっぱい出入りしていた。よその雑誌でも書いてるプロのライターではなく、常連の投稿者、『ロッキング・オン』誌上でしか知られていないアマチュアのライターたちを呼び寄せて、たまり場っていうんでもないけれど、巣になっているというか。みんな顔見せに来て、「ああ、君が○○くんっていうライターだったんですか。今日うち泊まる?」みたいな(笑)。同人誌時代の話だね。

会社に訪れた人々の中でも極めつけに困ったのは、山形で高校の教師をしてるとかいう女の人が突然やってきた時。もう従業員も10人以上になってからのこと。「ジョン・レノンは生きてますか?」とか訊いてきて、みんな怖がって相手をしないから、俺が仕方なく「仕事の邪魔だから帰ってくれません?」って追い払ったんだけど、懲りずに何度も来て、3回目には新たにふたりを連れて襲来。3人がかりで狂った言葉を浴びせてくるから、それをひとりで応対した時はさすがに、ふと「こっちのほうがおかしいんじゃないか」って錯覚してしまうような本質的恐怖を感じさせられた。

彼女たちは奇妙な単語帳のようなものを持ち出し、そこには「赤い」の裏側に「トンボ」とか書いてあるんだけど、それを読み上げて、「赤尾の豆単」のように、こちらに復唱させようとする。「愛」と言ったら「平和」みたいな、そういうこっ恥ずかしい内容で、言わされながら笑っちゃうんだけど、その場の誰も笑ってないっていう。その人たちは結局、社長室の前で3人して毒を飲んで自殺を図るという、大変なことをやらかした。当然、警察にもいろいろ聴取されることになったんだけど、あの時は「おたくが出してるのは宗教の本ですか？」って聞かれた。

「児島由紀子を取っておくんだった」

だから児島由紀子《こじまゆきこ》がロッキング・オンに売り込みにやって来た時も最初は「またきちゃったよ〜」感がぬぐえなかった。

おそらく『ロッキング・オン』読者で、児島さんの名前を知らない人はいないだろう。はじめてオフィスに現れた彼女は歌舞伎みたいなド派手な格好をしていたので、やはり誰もがビビって相手をしたがらず、この時も俺が応対した。案の定、他のロック雑誌を訪ねた時はてんで相手にしてもらえなかったらしい。しかし俺は彼女を使ってみようと思った。何か一回仕事をしてもらうのは、苦痛でも何でもなかったし、むしろ売り込みにまで来てくれたことは無下にしたくなかったから。それで仕事してもらったら、現地のレコード会社のスタッフともうまくやっていけるし、ミュージシャンとも有効な関係性を築くし、貴重な人材であることを速攻立証。そうやって『ロッキング・オン』誌上で活躍しはじめたら、かなり後になって他の媒体の人間から「児島由紀子を取っておくんだった」とか言われたりもした。

逆に驚くのは、あれだけ個性のある人なのに、自分ではインタビューの質問を考えたがらないこと。原稿を書いてみてと頼んでも、自分のオピニオンを出すというタイプじゃない。事実とかをしっかり書くことはできても、そこに主観を添えて、共感を誘うような原稿は苦手なようで、あえて避けているというか、ひとつ距離を置いてる感じがして、そこもまた面白い。当人はロックの内部事情みたいなところに深く入り込んできたわけだから、誰も知らないようなことも実はいっぱい知ってるはずで、「ロンドンに行った動機から書いて単行本にしよう」って何度もけしかけたんだけど、絶対に話にのってこないんだよね。

彼女は、ローリング・ストーンズのような大物中の大物を相手にしても、怖気付くことなく対等に渡り合う一方で、実に日本人的に気を配ることができた。ミック・ジャガーやキース・リチャーズに向かってずけずけと物を言い、それでも怒らせたりすることは一切なくて、むしろ気に入られてしまうほどだ。あまつさえ、ビル・ワイマンには取材中に公然とナンパされていたりもした。そんなこともあって、「ロン・ウッドが実は加入後かなり長いこと正式メンバーではなかった」という事実を、かなりデリケートな話題だろうと思いつつ、キースに確認させてしまったことも面白すぎの記憶だ。

「ロン・ウッドは正式メンバーになれたんですか?」

ストーンズが初来日を果たした1990年、ロン・ウッドにインタビューした時、「ミックとキースの関係性がマジで険悪になっていた状況で、バンド再開に向けて、あなたの果たした役割は大きかったんでしょうね?」と水を向けたところ、いかに苦労して分裂状態だったふたりの仲をとりもったかを、彼は得々と話しはじめた。ミックとキースの間にまったく会話がなく、ほとんど解散しそうになっていたところへ、ロンが「なんか話があるみたいだよ」と双方にふって、そこからここまでどうにか持ってきたのだという。

そんな大変な苦労を影でやり遂げ、「君たち、俺がいなかったら本当にストーンズは終わってたんだぞ!」と嬉しそうにしていた功労者ロン・ウッドだが、この時にレコード会社の人間から「なんと来日時の契約書を見たら分かっちゃったんだけど、まだロンは正式メンバーじゃないんだよ」と教えられた。つまりギャラの面でも15年近く演奏の印税だけだった疑いが濃厚だった。それに耐えてメンバーの絵を描き続けてきたという、ストーンズ愛にかけては筋金入りなわけだ(笑)。

そこで、その後キースにインタビューすることになった時、この話は出しちゃマズいかなあと迷いつつ、いいや児島さんならきっと空気を読んで、その場で聞くか聞かないか取捨選択できるだろうと、「ロン・ウッドは正式メンバーになれたんですか?」という質問を入れて、児島さんにファクスを送ってしまった。そうしたら本当に訊いてしまい、それに対してキースは「ミックなんか最初は『なに、15年？ まだ新入りじゃないか』って顔してたんだけど、『もうブライアン・ジョーンズとミック・テイラーの在籍期間を足したよりも長くいるんだぜ。この辺で男にしてやれ』って言ってやったんだ」と悪びれもせず答えていた。しかし15年いてそうか？ まだひよっこだろうって、どういう神経してんだよ、ミック・ジャガーってのは。

第3章 ロッキング・オンという会社

Blur Oasis The Stone Roses The Smiths Suede Elastica The Charlatans The Beatles Nirvana Beastie Boys Culture Club Wham! Beck Guns N' Roses Lenny Kravitz David Bowie Manic Street Preachers Paul Weller Aerosmith The Three Degrees The Rolling Stones Duran Duran John Lydon David Sylvian Bruce Springsteen The Stranglers Japan David Lee Roth Eurythmics Pink Floyd New Order Dinosaur Jr. Inspiral Carpets Pale Saints Ride Public Enemy The Byrds Taylor Swift Pet Shop Boys The The U2 Cheap Trick Faith No More Vanessa Paradis Kylie Minogue Transvision Vamp Bros Bay City Rollers Thom Yorke Rapeman Led Zeppelin Primal Scream Sheila E. Madonna Queen Coldplay Prince The Strokes Sonic Youth R.E.M. The Clash The Libertines The Style Council The Jam Happy Mondays Sting Sex Pistols Menswear Sugar Kula Shaker Weezer Veruca Salt Simon & Garfunkel Badfinger Blind Melon Kiss

「好き勝手なこと書いてんじゃねえぞ！」

今でも音楽業界と出版業界とは接点が薄いが、当初の『ロッキング・オン』のポジションというのは特に異端というか、「あの会社ちょっとおっかねえ会社だから」みたいなことをレコード会社に言われたりするような空気だった。それは、シビアなインタビューをとるということ以上に、なんだか理解できない、というようなことを揶揄した扱われ方だ。そもそも渋谷が『ロッキング・オン』をはじめた頃には、「てめえ、正直に思ったことを書くとはどういうことだ！」なんていう罵声を人前で浴びたこともあったらしい。「若手評論家として挨拶してくれ」みたいな場所で、そういう意味のヤジがぼんぼん飛んできたんだって。その時の屈辱と闘志と決意ってもんはきっと、常人には計り知れないものだったのかもね。

でも実際、自分も似たような場面に出くわしている。アミューズの忘年会に「よかったら来ないか」と誘われ、渋谷は忙しいし酒も苦手だから行かないというので、代わりに俺ら社員が何人かでお呼ばれすることになった。そしたらビンゴ大会で、後輩社員が当時としては破格なビデオデッキなんていういい商品を当てちゃって、喜んで壇上に貰いに行ったのに、帰って来たらなにやら顔面蒼白になっている。「どうしたんだよ？」って訊いたら、他の人が当たった時には「やったー！　ゲットしました～」とか盛り上がってるのに、そいつだけは「好き勝手なこと書いてんじゃねえぞ！」とか下からイジメられたっていう。

御用評論家しか必要とされず、提灯持ちメディアしか活躍の場がないという状況が、『ロッキング・オン』の創刊動機であり、その主旨は、自分たちは雑誌でアーティストと対等にわたりあってやる、きっちりした読者を背後に付けて「うちはこれだけ影響力のあるエンドユーザーを持っているんだ」ってことで対抗していくしかない、ということだったと思う。そうしないといつもレコード会社にただ頭を下げて、言いなりの原稿を書かなければならないし、地位もへったくれもあったもんじゃないし将来もない。

「1年後はおまえが編集長やれ」

俺が入社した当初から「もう実務は全部任せるんで、1年後には編集長やってくれや」みたいな話も出ていた。なぜかというと、渋谷はもうロックに飽きていて、黒人音楽のほうが好きになっていたんだよね。当時、彼はまだ30歳だったけど、さすがに若気のいたり的な思春期メンタリティみたいなものはないし、結婚してるし、あと、その頃レーザーディスクというのがパイオニアから出たんだけど、どうもそのオリジナル・ソフトの監督、つまり映画監督になろうと考えていたフシがある。パイオニアの人たちとの会議や折衝にずいぶん時間を割いていたもの。一方で『ロッキング・オン』はもう8年間くらい毎月……まあ当初は隔月間だったけど、ずっと作ってきて飽きたし、それで「1年後はおまえが編集長やれ」って気持ちは正直なところでもあったんだと思う。

でも実際にそうなったのは、それから10年後(笑)。俺が適応するのにそれだけの時間がかかったってことだけどね。しかし、その10年のうちにビジネスの形が整えられていって、まともな商業誌然とした体裁を帯びていき、会社的な展開についても、ゆっくりとだけど着実にステップアップしていったんじゃないかな。

「本って表紙に文字を入れれば売れるんだ!」

俺が入社した頃の『ロッキング・オン』は、固定読者が3万人ぐらいついていて、常に変わらない利益を出してくれていたし、自分のところで取材をしないんだから、制作費はゼロに近かったと言ってもいい。ほぼ買い記事と買い写真、投稿原稿の組み合わせで作って、めぼしいインタビューがない時には「ジョン・テイラーでも表紙にしとけば、ミーハーなファンが買うだろ」とかいって、表紙になってるのに中身を見ると1行たりとも、デュラン・デュランのデュの字もない。

表紙と中身が一致するようになったのは、俺が実質的な編集長になってからで、それまでの7、8年間は、表紙と中のページがなにも関係なかった(笑)。「デヴィッド・ボウイとミック・ジャガー、あと時々、ジョン・ライドンとデヴィッド・シルヴィアン載せときゃ楽勝だから、それでまわしとけ」って感じで、中身は全然なんの関係もないことをやっていた。そもそも掲載されている内容をカバーに表示すること自体やってない。キャッチもコピーも一切なし。買った写真をアルバム発売のタイミングでもない時にどど〜んと意味不明なまま自信満々に使用。

で、たまたまブルース・スプリングスティーンが来日する時、ブルースを表紙にして「来日記念インタビュー」って文字を入れたら、これがバカ売れし、「本って表紙に文字を入れれば売れるんだ！」「おいおい、コピーっていうのを入れると本ってのは売れるぜ！」って、そんなことにはじめて気づいたという（笑）。決して、「そういったことをやるのは商業誌に堕落することだからダメだ」とかいうことではなくて、単に知らなかっただけ。こうした状態から、だんだん業界とのやりとりが重なっていって、スプリングスティーンの来日に際しても、時流に合うような形を雰囲気的に作りたくなったんじゃないかな。それでやってみたら売れるもんだからビックリした（笑）。

ちなみに、俺が編集長になる前に2回ほど、突如『ロッキング・オン』が売れなくなるという事態が起きている。そのうちのひとつは、サザン、ハマショー、ハウンドドッグといった日本の大物ミュージシャンを巻頭で8ページくらいの特集にして載せた時。ツアーに帯同してインタビューをとり、記事も全力投球で書いて、それによってファンの分母が大きいマーケットも押さえようっていう目論見だったんだけど、やってみたら逆に売れなくなってしまった。この時ははじめて全社員に「なんで売れなくなったのか？」という宿題が出た。「ここ半年ほど急に悪い。通常より10%から15%くらい本が戻ってくるようになってしまった。これはいったいどういうことなのか、みんな考えてほしい」とね。その段階では誰も原因が分かってなかったわけ。それで、売上が落ちた原因をいろいろ調べていったら、俺ともうひとりが同じ答えのレポートを出したんだけど、要するに「邦楽をやってしまったことで洋楽ファンの反発を招いているらしい」という結論に達した。読者層にそんなメンタルがあるとは、それまで思いもしなかったな。

もう1回は、俺が入社した直後に、実写のフィルムにシルクスクリーンを使って加工した、ビジュアル的に凝った、美術誌っぽいというか、サブカル誌っぽい表紙を作ったことがあって、この時も突然10%くらい売れなくなった。表紙のアーティストが当時すごく日本で人気のあったストラングラーズでも、ジャパンでも、デヴィッド・ボウイでもダメ、なんでなのって思いながら半年くらい続けてみてから、「もしかして、シルクスクリーンで加工してるのがよくないんじゃないの？」って気がついて、それを止めて普通の写真にしたら、その瞬間に売上も元に戻ったという。

あと、デイヴ・リー・ロスが逆さまになった写真を表紙にした号も売れなくて、当時の俺はよく「逆さになった人物の表紙、みなさんどう思いますか？　これが売れない！」とか大げさに話していた。あと「人物の目がこちらを見ている写真の表紙と、逸らしている写真、どっちが売れると思いますか？ 目が合うほうなんですよ！」とかね。そんなこと今じゃ子どもでも知ってるよ、とか言われそうなことを、試行錯誤の中で大発見でも成したかのように、得々として喋ってたな。

『ジャパン』の創刊

この本では、洋楽だけで10万部を突破し、大儲けした雑誌がありましたってことなんだけども、今のフェスのユーザーからしたら「そんなところからっすか？」「ほんまにそんな洋楽誌があったの？」って話だろう。ロック・イン・ジャパンの動員の話と勘違いしてるんじゃないかというくらいの数字だからね。しかし『ロッキング・オン・ジャパン』はその創刊から長いこと不調でやり方も分からず苦しんだし、そもそも創刊時には本質的な分岐点すらあった。

2回、大事な会議があった。最初は渋谷の地下一階にあった「かいどう」っていう食堂での会議。この時のことはよーく覚えているんだ。佐藤健［のちの『Cut』編集長］と山崎洋一郎と渋谷と俺。安価な中華料理屋でさ、4人で夜の9時ころ地味に会議したんだよ。俺だけが社員でふたりはまだアルバイトだったと思う。だからまだ渋谷としても誘導的にやることはできなかったし、そのつもりもなかったはずだ。

「どうするよ？ 俺たちはこのままでも食ってはいける。ただマーケットは邦楽が追い付き、追い越している。ここで踏み出すかどうする？　皆、ここでやったことで独立しても評論家としてそれなりに食っては行けるはずだし、やらなきゃいけないってこともない」。そういう実にニュートラルな趣旨の、でも、決定的な会議っていうか打ち合わせだった。一番保守的だったのは会社員志向の俺で、「せっかくなんとか、どうにかこうにか社会人として追いついてきたのに、ここでまた新しいことすんのか、大変だな」という感想だった。ただ、この設問は、個人でやっていくか、会社組織として編成するか、そういう分岐点でもあったから、重大な決議だったのはよく分かっていた。

最初に食いついたのは山崎で、あいつはもう、失うものはないって感じだったから、速攻やりましょうって言ったんだ。拒否する理由もなんもないわけだからね。佐藤は人当たりが良くて柔軟なやつだったからもちろんやると思っていたら、将来はフリーのインタビュアーになりたいという個人的な方向性があったようで躊躇《ためら》っていた。

で、俺はさっき言ったように大変だなと思っていたからここはどう答えるか。ロッキング・オンはまだまだ成長期にあり、すぐに衰退する兆候はまるでなかったから、まず第一に思ったことは、これ以上責任が増していくのは勘弁してというのがあって、次に経営者がそんな提案をするからには「じゃ、みんな嫌みたいだからやめよう」って言うわけもないし、ただし自分はやっと慣れてきたばっかりで、でも会社が成長するって経営者が言うしで流れに任せた、ってのが正直な所だった。

ていた。よし、準備しようとなって、そこで第二弾の本格会議で事件が起こるわけさ。

デザイナーとか関係者を集めて朝一でいわば公の会議をやったんだ。そこで渋谷はボウイの〝ビー・ブルー〟のPVを取り出して、「ここまで日本語が乗っているロックが発明されてしまったからには、もはや邦楽を別物として傍観していられない」という状況説明をする、予定だった。ところが実際にデッキに掛かったのは当時の日本初の裏ビデオだった「洗濯屋ケンちゃん」だった。誰かが持ち込んだものがたまたまラベルなし同士で並んでいた。あの時の、誰ひとり爆笑できず、ただうつむいて無かったことにする雰囲気はその後の暗雲を予見していました。

「おたくは取材ってものが分かってないみたいだから、教えてやんないとね」

日本人のインタビュー取材では、事務所の人間が「取材の立ち会い」と称して現場にいることが多いのだが、特に演歌の大御所とかになると、なんかもう棚橋とか本間とかオカダ・カズチカとか木戸修みたいなやつが腕を組んで後方から睨みをきかせていたりするケースがある。そうした背広の人々のうち一名はマネージャーなんだろうと察しはつくけれど、他の人たちは誰なんだか一切分からない。そのへんの道端で「お前ちょっと来い」って拾われてきたようなイカついのが、現場に充満している場合があるわけ。ないこともあるけど。

例えばスタジオで撮影することになっていて、そこでインタビューも行なう場合、アーティストと1対1で話すのではなく、その横にビッタリと、発言が適切かどうかチェックしつつ、アーティストの格を上げ、ジャーナリストを萎縮させる係みたいなのが張り付いてたりする。こういうことは、海外のミュージシャンにはまず見られない。

特にイギリスでは、アメリカよりもさらにジャーナリストへのリスペクト意識というのかな、不可侵の原則が強いからか、インタビューがはじまるとマネージャーは退席してしまう。完全に密室でアーティストとふたりきりだ。時には、取材が終わってからマネージャーが「マスイ、どうだった？　ストーン・ローゼズの再結成については何か言ってた？」とか訊いてきたりする。ふつう反対だよね？（笑）「マネージャーなのに知らないんだ！」ってことじゃなくて、「そういうことはジャーナリストに先に話すものだから」くらいの感覚。そんなことが当然なのかっていうのはひとつの驚きだと思う。

洋楽のインタビューをしていて、事前に質問を見せろと言われたことも生涯に1度しかない。だからその時はビックリしたし、「先に質問を見せたと誌面に載せるけど、それでいいんすか？　あるいは、そこまで信用してもらえないまんま取材ってお互い不利益では？」っていう話になった。そんなことを指示されたら、海外プレスなら当然「ふざけるな！」っていうリアクションになるはずだ。それで、仲介役たるレコード会社のインターナショナル部門が言っているのか、マネージメントが言ってるのか、日本のBMGの人によくよく確認したら「言っているのはアーティスト本人」であるという。なんでも本人がむちゃくちゃナーバスになっているそうで、それは誰かっていうと、ユーリズミックスのアニー・レノックスでした。実はレーベルの担当者もマネージメントも非常に困っていて、一体どう対応したものかと悩んでたみたい。

その時は「もう、あの人の場合はしょうがないな」と、なんだか可哀想になってきちゃったので、「こういう事実があったことから記事に書かねばならん」みたいな原則論を振り回すことはせずに、質問表を送った。というのも、イヤな質問がないかチェックして検閲するとかいう以前に、ひたすら神経質になってブルっちゃってて、きちんと喋りたいから準備したい、という気構えなのだと、あの人の創作物やそれまでの取材から理解できたから。アニーは大好きなアーティストだったしね。

日本のインタビューで「事前に質問を見せろ」っていうことはなかったし、そもそも相手が日本人だと質問表なんか用意しないことが多かったりするんだけど、「インタビュー原稿を載せる前にチェックさせろ」っていうのは当たり前のようにある。もちろん海外では「載せる前に見せろ」は基本的にない。もし見せたら、向こうでは、「まさしく違憲！」みたいなレベルの話になると思う。『ロッキング・オン・ジャパン』は、そういう海外の形にならったことで、創刊当時けっこう揉めることが多かった。「見せないだとお!?」みたいな反応をされてね。「そんなことやってんですか？　そんな、ぶっつけでやって最後までお任せみしますみたいなことは過去に経験ないですすねえ」とか言われて、そうするとマネージメント直やアーティスト直の交渉だとかえってややこしくなる可能性が高く、レコード会社のディレクターが間に立って調整というか仲立ちすることになったりするのだが、いよいよそれもうまくいかない事態を迎えると、「このまま仲悪くなっちゃってもしょうがないなあ」と、ある程度は折れていったケースも、時には2回ほどあった。言えませんけど。

でも基本的には、そういう風土とかしきたりには従わない姿勢を固く守って、「インタビューを受ける以上は信頼していただけませんか」みたいなことで押し通していたら、ある時、取材と無関係のレコード会社のおエライさんが突然電話をかけてきて、「おたくは取材ってものが分かってないみたいだから、教えてやんないとね。ほんと日本のロックに対するアプローチってものが全然なってないからさあ」みたいなことを喋りはじめたりしたこともあった。仕方ないから「で、どうしたらいいんでしょう?」とか聞いたりして（笑）。

ただ、芸能系の事務所はともかく、ロックの人たちは大概あまりそういうことに抵抗がなかったと思う。まあ、発言をある程度恣意的にまとめてしまった記事ならともかく、ロッキング・オンの記事では、インタビューする側もパフォーマンスを要求されるというか、無言の部分まで「……」と馬鹿正直に書きおこしたり、それどころかインタビュアーのほうにされ

「……」があったりとか、あらゆるテクニックを使って読者を面白がらせようともしていたから、そうなると信頼と言うよか、ドキュメントに近いわけで「それ、ちょっと待ってよ、だったらこっちにもパフォーマンスさせてくれよ」って思う人はいるだろうね。

他の音楽雑誌は、そんなことで意地はったりバトル繰り広げたり、駆け引きしたりしてるなんてのは「何をヒマこいてんねん」みたいな感覚だったんじゃないだろうか。『ミュージック・マガジン』だけは地の文章と発言を書き加える海外形式だったけど、しゃべったことをそのまんま載せてしまおうという方法論とはもちろん違っていた。

そんな感じだから、もう『ジャパン』での取材って、なんというか「勝負」だった。パフォーマンスしなきゃいけないし、発言を引き出さなきゃならないし。山崎とか1日に4本くらい日本人アーティストのインタビューをこなしてて、「お前よく死なねえな」って言ったら、「もう麻痺しました。また1本、行ってきま〜す」だって。それに比べたら外国人のほうはぜんぜん楽。連中は用意した質問の答え受け取ってハイ終わり、みたいな感じでできてしまうからね。

10代後半しかターゲットにできない会社の体質

1989年の12月19日には、『ロッキング・オン』『ジャパン』に続く3冊目の雑誌『Cut』の第1号が発売された。当初の創刊動機としては「音楽でやったように映画に関しても批評的に一括できるはずだろう。これまでのナアナアな映画情報誌に対し、嘘ばっかついてんじゃねえ、ってことを示して、映画界を根底からひっくり返してやろう」みたいな野望があったと思う。ところが、そうしてみたら映画界からこっぴどく怒られてしまった。

「いやー、なかなか難しいですなあ。映画のほうは広告も出ねえし……」みたいな感じで。それよりも「ジョニー・デップのインタビュー買ったほうがいいな」とか、「宮沢りえのインタビュー載せたらなんかスゲエ売れた！」みたいな方向になっていったわけ。インタビュー誌としての格式を高めたほうがいいんじゃないか、そういうスター雑誌になっていく宿命なんだ、と考えるようになった。

ようするに、『ジャパン』もそうなんだけど、批評家とかさ、エンド購買層が主役を張れるように頑張る編集、雑誌ってのが限界ではないんだけども、方針転換が必要ってことがだんだん分かってくる。洋楽ロックはこっちが主役でいいかもしれないけど、邦楽ロックには「現場感覚」が必要ってこと。『ジャパン』が長いこと停滞した理由はここにあった。

高級で格式の高い編集。カメラとか印刷含め判型もなんもかも最高の品質。それでは結局、

『H』創刊号（『ロッキング・オン』1994年5月増刊）

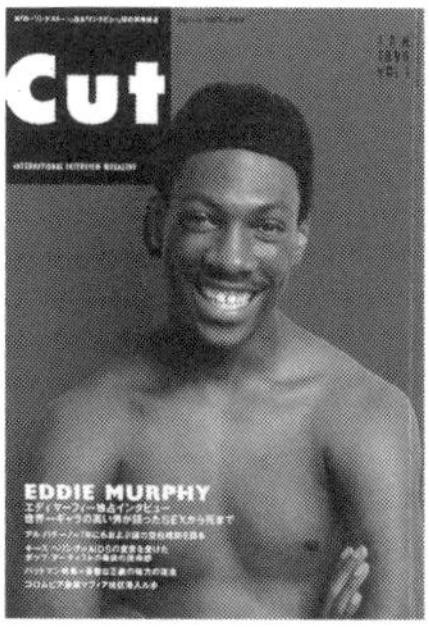

『Cut』創刊号（『ロッキング・オン』1990年1月増刊）

実際のファン気質にそぐわないんよね。そうだな、つまり篠山紀信にルースターズ撮ってもらって、すげえ写真だって思ったところで、それはファン心理への直球にはなってないわけだ。なんか場違いっていう（笑）。「なぜ、『ロッキング・オン』のようにハマらないのか？」ってことに思いをはせるにはずいぶん時間がかかったよね。

その次に創刊された『BRIDGE』という雑誌は、言ってみれば「救済措置」みたいな本で、50万枚売ってるような大物ベテラン・ミュージシャンは、もはや『ジャパン』の読者にはまったくニーズがなく、雑誌の部数には結びつかないけれども、ビッグ・アーティストの独占記事をとれれば、ステイタス・マガジンとして会社のCIにもなるし、先方からは専任媒体がないから、おつきあいとしてもありがたがられるし、予算もあるから広告は出るしで、受け皿としての雑誌をひとつ用意したということ。

『H』は出会い系と掲示板を目論んだ本。本当だよ。完全にネット時代の先験だったね、あれは。結局ジャニーズ系にシフトしていくわけだけど、創刊動機が明白である点と、執念で適合者を発掘するガッツという点で、ただの眼鼻が利く商魂の類とは、こういったのは一線を画している。

一方で見方を変えれば、結局は出版社として10代後半がターゲットとなる方法論以外のものを作れないというか、作ってもおかしくなっちゃうっていう体質が、ロッキング・オン社には伝統としてあるんじゃないかな。『Ｃｕｔ』が当初ナショナル・クライアントを入れようとして電通とかと絡んでみたりしてたけど、弱小出版社は広告代理店となかなかタメをはれず、うまくいかなかった。だけども同時にここが、ずっと若人を引き離さないポイント、って爺臭いこと言ってんな。現場から卒業すれば逆に現場が分かるってのは、ＡＫＢとかも言ってるらしいから。

第4章
ストーン・ローゼズの神輿

「この人えらいポール・ウェラーに似てるなあ」

ストーン・ローゼズにはことさら運命的な出会いなんてのを感じてるわけじゃない。だけども、偶然に連中を発見してから一気に加速して、編集長になり、取締役になり、彼らのブレイクが俺の解放でもあって一気にはっちゃけたみたいな印象を否定はできないし、することもないなあ。よりによって、ローゼズのブレイクからセカンドの発売、ジョンの離脱と俺の編集長離脱、その後の解散とロッキング・オン解雇とか、今考えても、ものの見事に符号するからな。

それだけならまだしも、この前のフジロックで再結成したときには新幹線で20年ぶりに山崎にばったり同じ便で会ってしまうし。この本が出るとなったら急遽また彼らが来ることになった。運命論は信じてないし、もはやローゼズも他人に渡しているつもりなのにどういうめぐり合わせなんだろう。連中は迷惑かもしれないし、自分から吹聴することはないけど、奇妙だとだけ言っておくわ。

ローゼズとの最初の出会いは1枚の写真からだった。当時『ロッキング・オン』には10ページくらいピンナップのコーナーがあり、俺はそこを作るためにオリオン・プレスとかインペリアル・プレスといった通信社まで写真を買い付けに行っていた。そこにはアーティストごとに分けられた写真の紙焼きやポジが封筒の中に20枚とか４００枚とか入っていて、40センチくらいの束になって積んである。たったの10点の写真を選択するのに1000枚は見る羽目になるわけだし、パソコンでデジタル画像をサムネイルで一気にチェックしていくなんていうことは考えられなかった時代の話だから、それらを1枚ずつ、画質やオリジナルかどうかなんてことまで含めて、いちいちルーペでのぞきこんでいく作業をやってたの。そうなると、聞いたこともない新人バンドで、しかも封筒に1枚なんてのは開けるだけ時間の無駄だから見もしない。第一新人バンドの写真をいきなり載せても不可解なだけだもん。

ところが、その日は、たまたま《THE STONE ROSES》と書かれた封筒があるのを見つけて、そこから写真をなぜか出してみたんだよね。名前がシンプルで「なんだろ、この人達?」と思ったからかもしれない。そして、そこに写ったイアン・ブラウンを見て「この人えらいポール・ウェラーに似てるなあ」と、なぜそう思ったのか分からないんだけど、それでストーン・ローゼズという名前を覚えてしまった。で、その後しばらく経った89年の2月、ある外盤マニアがロッキング・オンのオフィスに『メイド・オブ・ストーン』のレコードを持ってきた。

ちなみに俺は、自他ともに認める「アンチ外盤」っていうか、マニアでないことにかけておびただしい情熱があるっていうか(笑)、外盤屋に入ったこと自体、3年前に『クッキーシーン』の伊藤(英嗣《ひでつぐ》)ちゃんと新宿ディスクユニオンで待ち合わせた時が生まれてはじめてで、以前以後も1枚たりとて買ったことがないし、その瞬間まで足を踏み入れたことすらない。待ち合わせ場所に指定されたんで、「あー俺、行ったことないから行ってみたい」って、入店してビックリした。昔のレコードを血眼で見てる人たちがいるんだよ！　「マニアだマニアの人たちがいるよ！」って大きな声を出して伊藤ちゃんを嫌がらせたな。でもあれはまさに俺のサンゴ収集熱と同じもんがあるなあって思った（笑）。

とにかくそういったわけで、買ったことも見たことも聴いたこともない外盤ってものに、なぜかその時は触手が伸びて、「それ、ストーン・ローゼズってバンドじゃん。ちょっと聴いてみたいんだけど」って、そいつの手からかっさらって聴いたんだ。名前と写真が妙に記憶に残っていて、音を聴いてみたいと思ったんだね。それで〝メイド・オブ・ストーン〟を聴いたら、めちゃくちゃピンときてしまった。「なんつう美しいメロディと革新的なリズムなんだろう！」って。

すると横で聴いていた渋谷陽一が「お前こういう60年代的なやつ好きだなあ」なんて半ば揶揄しながらも「じゃあ、それ持ってレコード会社へ売り込みにでも行ってみたら？」みたいなことを言うのね。

そこで当時、特に仲がよかったCBSソニーに行くと、ソニーの方も洋楽部の全員で迎えてくれて、みんなで聴いて「あ、なかなかいいかもね。うちで契約できるのかな？」って話になり、たまたま夜で時差も合ってたから、渉外の担当者がすぐに向こうに電話して確認してくれた。シルヴァートーンなんてレーベル、どこにも契約あるわけねえと思ってたんだけど、そしたらシルヴァートーンはゾンバ・グループで、アルファ・レコードと契約があるということが分かった。じゃあソニーでは出せないのかって、今度はアルファに行って、「いや俺、これホント絶対いいと思うんで、ブレイクするんじゃないかって予感がするんだけど、ちょっと聴いてみませんか」という話をすることになったわけ。

そのうち、実は前の年の12月に出てた『エレファント・ストーン』が、『NME』でシングル・オブ・ザ・ウィークに選ばれていたっていうことが分かる。それでも相変わらず、鳴かず飛ばずもいいとこだったんだけどね。さらに、アルバムがもうすぐ出るっていうことと、どこからの情報かは忘れたけどコンサートにもどんどん人が入ってるらしいぞっていう、今で言う「キテるみたいだ」っていうニュアンスも伝わってきた。

だったら観に行きたい、会ってインタビューをし、ライヴ・レポートを書きたいという気持ちになった。その後、レコード会社や呼び屋さんと協力し、日本盤をリリースし、日本に呼んでもらって、来日公演のチケット・プレゼントも行ない、そんなふうに読者を巻き込んで膨ませていって、会社としては営業にも役立たせるし、イベントなどにも使えるという、黄金パターンというか、ある種の雛形をひねり出していくことになるんだけど、ストーン・ローゼズとの出会いは、まさにその端緒となった。

「ただヘタとかじゃなくて、音痴じゃね？」

たぶん「ストーン・ローゼズを応援します」っていう応援演説の記事が、宣伝原稿制作の最初だったはずだ。こっちでちゃんと読者に届く記事と写真でページを作るからそれを広告出稿原稿として使ってくれないかという申し入れ。どういうことかというと、レコード会社の用意する広告っていうのは、例えばソニーの広告は代理店の東急エージェンシーが作ってたんだけど、アーティストのことをほとんど知らないし、現場の空気も分かってないから、はっきり言ってエンドユーザーには何にも響かないものになってしまうわけ。

例えばさ、ピンク・フロイドの『ザ・ウォール』に見開きの美麗な壁の写真を仰々しく載せられてもなんのことか分からん。「人間疎外の根因をつぶさに見極めること。我々の周囲がそんな壁だらけであることに謙虚に向き合う。フロイドはさらに歩みを進めた」とか、きっとやったんじゃないの、こっちが作っていたら（笑）。だから、こういう編集部応援の広告は編集部で本当に好きになって応援するスタンスでしか作れなかったし、作らなかったから、そこには後ろめたさがない。お金が出てるから無理に好きになったんじゃない、そのアーティストを好きになっちゃったからお金クレっていう、ストーカーまがいの行為。

ストーン・ローゼズは、アルバム用の全曲を揃えたから初の本格的なイギリス・ツアーをはじめるっていうので、「今これを見極めないでどうする」っていう気持ちでいてもたってもいられなくなってきた。で、今から考えると信じられないことなんだけど、先に現地にライヴを観に行って勝手にビデオをまわしてきたアルファの社員がいてさ、それを見せてもらったら――この話は誰にもしてないんだけど――あまりのイアン・ブラウンの音痴さに「これ一体どうなってんだ？　ちょっとこの人、ただヘタとかじゃなくて、音痴じゃね？」みたいな感じになって。その後2〜3年は1回も音痴であるとは誌面に書いてないけど、当初は明らかにそう思ってた。でも、「この人ヴォーカリストなのに、歌がヘタどころか音痴ってありえるのかしら？」みたいな違和感は全然抱かなかった。「こりゃアマチュアの極地だ、話になんねえ」っていうものではない。「音がハズれてるけど何のせいなんだろう？」っていう謎めきと奇妙な感じしか受けなかった。

そういえば、その少し前にニュー・オーダーの来日公演［1987年1月］があって、バーナード・サムナーが中野サンプラザで歌ったのを見たんだけど、これがもう凄まじくヘタだった。自分のヘタさに耐えられなくて目つぶってるんじゃないかっていうくらいヒドい。でも、それもまた違和感がなかった。そういう「ヴォーカリストの存在主張の低さ」みたいな感じがいい。逆にエビぞって歌われたら迷惑だ、みたいな感覚。そんな経験もあったので、イアンの時も、ヘタすぎてひっくり返っちゃったとかいう感じにはならなかったわけ。というか、透明感のある優しい声としか、あれは言いようもなかったんだけど。

「外国人でも顔が赤くなったりすんだなあ」

まだ当時のレコード会社は簡単に出張費を出してくれなかったんだけど、たまたまヴァージン・アトランティック航空就航記念第1便の名誉ある座席をいただいたので、リチャード・ブランソンさんなどと一緒にイギリスに飛ばしてもらい、勝手にリバプールまで行って、ローゼズのコンサートを見たわけだ。ブランソン氏は、「うちの飛行機に乗せてあげたのにヴァージン・レコードのアーティストの取材をしないとはどういうことだ！」と怒っていた、と手配してくれたヴァージン・レコードの社員にからかわれたけど。

よく憶えているのは、ライヴの前にストーン・ローゼズのメンバーと初対面し、そこで握手したらイアン・ブラウンは「お前、わざわざ日本から来てくれたのか」って、顔を赤くしたこと。それまで、顔が赤くなる外国人はケント・デリカットしか見たことなかったし、「外国人でも顔が赤くなったりすんだなあ」と思って、俺は非常に親近感を抱き、好印象を持ったよ。

それ以前に会った外タレなんか、怒られるだけというか、見下されるだけというか、なんというかエラそうな話を御拝聴しますみたいな感じでさ。時には人種差別的なノリもあったし、どこか居丈高《いたけだか》で、ロック・スターでございっていう意識もウザかった。まあ、こっちが勝手に怖じけづいてるってこともあったんだけどね。それが「ああ、同じ土俵に立っているロック・ミュージシャンに生まれてはじめて会えた」っていう感触を持てた。で、コンサートが終わり、いざインタビューしてみると、今度は全然しゃべらないわけ。過去にインタビューした人たちはみんな例外なくエラそうにボカボカしゃべりまくるのに、しゃべんねえって、また面白えなあと思った。あんまり話さなかった人はそれまで見たことがなかった。一個の質問につき必ず間髪置かずに5行は喋る。それはそれで幼少時から訓練される文化があるのだろうから立派だなあとも思っていたけどね。ただ、その後にダイナソーJr.のJ・マスシスが「特になし」とか、ベックが「分からん」とか答えて終わりっていうバツの悪い間を作りだす技を披露し出すと、よく喋る外国人はあからさまにオールドウェイブになっていくわけだ。

ローゼズの良かったポイントはさらにね、あとになってブラーとかが出てきて気がついたことなんだけども、ロンドンに比べて、マンチェスターの人間の方がストレートで分かりやすいってこと。田舎者だから垣根が低くて、自分とも共通言語があるというか、都会の気取った人間よりも、そっちのほうが体質的に合ったということもある。それに加えて、マッドチェスターというムーヴメントを誌面で盛り上げるにあたって有利だったのが、バンドがどれも若いということでいじりやすかったこと。インスパイラル・カーペッツなんか一貫して《百姓》という形容で通して、「百姓が来日してしまう」とか「百姓がステージに立ってしまう」とか、そういう記事ばかり載せていた。それでいいのか？　応援演説が応援になっていない、逆にバンドを貶めている、とかも言われたけれど、「俺の実家も百姓だからいいんです」と開き直ってたな。まあ、そこまで手元に引き寄せてたってことじゃないんですかね。「マッドチェスター、レイヴ・オン！」ですよ。

「ああ、そうだよね、新陳代謝だよね」

はじめて見たストーン・ローゼズのコンサートは、セットリスト通りにやって、アンコールも無し。しかも、まったくアルバムと同じ曲順だった。で、ライヴが終わったら客がみんなキスしている。〝アイ・ウォナ・ビー・アドアード〟のサビのフレーズでは観客全員が、床が抜けるほど凄まじい勢いでジャンプしていて、「なんでこんなに盛り上がってるんだ！」っていう状態。あからさまに「ロックがフィジカルな次元に移った」っていう匂いがした。ニュー・オーダーとかスミスみたいに、くらーくやってる感じじゃない、めちゃくちゃハジケている。しばらくして、スマッシュの日高さんが誰を呼ぼうか調査のためイギリスに行った時、明らかにマンチェスターではリスナーの新陳代謝が起こっているという話をしてくれて、俺も「ああ、そうだよね、新陳代謝だよね」って大いに納得した。

たとえば同時期に出てきたペイル・セインツなんて、あんまり成功はしなかったけど、とても内向的な音楽なのに、ノコギリ・ギターが轟音《ごうおん》だったんで、ライヴでは客がモッシュ＆ダイヴで大暴れしていた。ライドとかも、そんなにショウビズ向けじゃないキャラで、ライティングはみんなアーティストの後方からあたってるし。

以前だったら自己顕示欲の塊みたいな、ただスターダムに上がりたいだけの人が多かったのに、そういうシンプリー・レッドのミック・ハックネルみたいな人は馬鹿にされるようになった。これは流れが明らかに変わったなあ、と。そう最初から気づいていたかどうかは怪しいけれど、徐々にそういう確信を持っていく。

でもまあとにかく、ストーン・ローゼズのデビュー・アルバムを最初に聴いた時には、〝アドアド〟、〝ウォーターフォール〟、〝ディス・イズ・ザ・ワン〟、〝リザレクション〟と、「これはとんでもないぞ！」って俺は思ったよ。

ただ、やはり渋谷陽一の世代にとっては、こんなのは完全な二巡目というか。下手すると悪質なコピーというか、聴いたことありまくりだという、それがごく当たり前の感想だったんだろうね。知らねえと思ってパクってやがらぁ、という。でもロック・ミュージックって、そういうものじゃない？　15年とか20年とか経って、もう誰も知らんかったのをただパクってやったら、それが馬鹿ウケしましたなんてことはいっぱいある。そうでなくても、もともとアメリカのブルースとかジャマイカのレゲエとかをパクってるわけで、別に非難するようなことじゃない。というか、そこにはブレイクするだけの新たな時代的批評が横たわっているんだけどね。

パンクの時もそうだけど、新しい世代が出てくると、ついていく人と、拒絶反応を起こして、これは違うっていう人が出てくるものなんだよね。ヒップホップだってそう。中村とうようさんなんかパブリック・エナミーに面と向かって「こういうのは音楽じゃないんだよ」とかのたまってしまい、「オッサン、トシ食い過ぎなんだって」とか呆れて反論されてた。

　そういう反応はつまり、自分が過去に聴いてきた音楽に愛着があるからなんだろう。ところが俺は、30くらいで結構いい年こいてるのに、昔の音楽をまったく知らねえもんだから、ストーン・ローゼズで超歓喜できたわけ（笑）。「これは素晴らしい！」って。まあ、それ以前もバーズとか好きだったけど、そんなに詳しくはなかったし。それに当然、ローゼズには完全に新しい部分があった。マッドチェスターの正体と言われているもの。つまり「一介の百姓がロックやって何がおかしい」だね。また百姓と言ってしまったが、そういう話だ。一言で民主化。主権在民化（笑）。戦後化。スターたりうる資質を持って生まれてきたと勘違いしてしまう人が駆逐されて、たまたま祭り上げられたことを引き受けて努力する人が新人類。これはその後のロックの判断基調になっていて、時折振り戻しが現れるけど、カリスマが登場するときは、ほぼ後者でしょう。

「神輿を担いだっていう意識は……とてもありました」

　上手い歌を聴かせなければいけないっていう普遍的なニーズとはまた別に、ロックっていうのは、「こんなヘタでいいのか?」っていうヤツがどんどん革命を起こす歴史を持っている。

それはとりもなおさず、ごく一部の選ばれた者だけがスゴいのではなく、なにか発想の転換を堂々とやったやつが勝つみたいな、そうした流れの中にロックの核心と革新があると思う。特殊技能というよりも、一般の人とどう繋がる才能を持っているか、そういう話。そこにおいてイアン・ブラウンっていう人は、ものすごくいい触媒になりえていた。

のちに、ストーン・ローゼズが解散してから何年か経った頃、イアン・ブラウンが「あの時の俺は神輿《みこし》に担《かつ》いでもらったんだ、それにすごく感謝してる」と言っていた。「自分の力じゃなくて、なにか見えざる神輿ってものがあって、そこに誰かが登らなきゃいけなかった。それがたまたま俺だったんだ」って、そういう言い方をしていたんだけど、なんと謙虚で適切な認識なんだろう。この際、「神輿」って英語で何と言ったのかは問わないでください。

俺の編集長時代も、そういうものだった。俺も神輿に担がれてたかも。いい気になってた部分も勿論あったかもしれないけど、ただ、ストーン・ローゼズみたいに5年8か月も「ものすごい大作を作らなきゃ」って悩みまくるような誇大妄想にとりつかれはしなかったから、本は毎月出してたけどね。サラリーマンなんで(笑)。

最近は、神輿がなかなか見つからないみたいだね。御神輿喪失事件みたいになってて。デビュー何周年記念とかフェスとか、「今日は祭の日だ」と決まってるから古い神輿を引っ張り出してくる感じ? 新しい神輿を自然にみんなで作るみたいなムーヴメントは、インターネットの過激さに負けてるんだろう。そりゃあやっぱり、フェイスブック開発しましたみたいなやつの話のほうが面白かったりするわけだし。ただ、テイラー・スウィフトがアップルの全曲無料を、「それじゃ新人バンドはどうやって稼ぐんだ!?」って批判した時にわずか一日でアップルが決定をひっくり返したのは、双方見事だしナイスな干渉関係だと思ったよ。

ストーン・ローゼスという神輿を担いだっていう意識は……とてもありました。「ブレイクさせるぞ!」みたいな言い方をすると商業的すぎるけど、とにかく音楽も大好きで、人間も大好きで、仕事してて楽しいし、彼らについて誰かと話をするのも楽しいので、そうなるともう必然的にボコボコとアイデアが出てくるわけよ。仲間というか一緒にのってくれる人も、磁力に引きつけられるようにして、どんどん広がっていくし連携が増えていった。そういうふうにして、読者も感化されたんだろうし、感化という言葉がイヤらしければ、増井は今頃気づいたのかよっていう感じで、俺を媒介《ばいかい》にして盛り上がってくれたわけだ。自分の中でも、新しいロックを聴いてみたいっていう欲求を彼らに仮託することができた。

「寝転んで聴いてもよし、河原で聴いてもよし、友達と聴いてもよし」

カメラマンの久保憲司《くぼけんじ》による「ストーン・ローゼズのファースト・アルバムは、若者がレイヴに行く1日を綴ったコンセプト・アルバムだ」という解釈［伊藤英嗣との共著『ザ・ストーン・ロー

ゼズ　ロックを変えた1枚のアルバム』より」を読んで膝を打ったよ。「なるほど〜！」って。あのアルバムの流れを説明するのに実に理に適ってる。俺は最初にローゼズのライヴを見た時、なんで客がみんなキスしてるのかさっぱり分からなかったのだが、後に自分もエクスタシーをやってみて、はじめてそれを身をもって理解できた。「こりゃあ、誰とでもキスするわ」ってね。でも、キスしても、まったくそっちの方の気持ちとは違う、ヘンなピースフルさが溢れたもので、下半身には全然こない。誰彼構わずキスするんだけども、そこから発展してどうなるっていう性質のものではないんだよね。

で、確かに、そういうアルバムだっていう話も面白いし、それで構わないけれども、やっぱりイアン・ブラウンが最初に言った「寝転んで聴いてもよし、河原で聴いてもよし、友達と聴いてもよし、時間も場所も問わないっていうのがスゴいところなんだ」っていう答えもいいと思う。誰がどこで聴いてもそれなりの物語を得ることができるものなのだ、という。こっちに下駄を預け、なおかつ更に履かせてもくれるっていうさ。

あのレニが叩くイントロ……まさに典型的なロックの8ビートなんだけど、ちょっとシャッフル握りの軽やかさで、高らかにアゲてくるような、「これからなにかはじまる！」って身震いする〝アイ・アム・ザ・リザレクション〟。あの曲の解釈についても「トイレに書いてあった落書きだ」とジョン・スクワイアは言っている。便所に「リザレクション」と書いてあって、それがいかにウザいかっていう話だ。当時のイギリスに限らず、イエスが必ず再降臨するっていうことを信じてる新興宗教というか、キリスト教の分派みたいなのが彼らの身の回りには常にいて、そういう人々が勧誘みたいに個別訪問でやって来るのだという。つまり、その人たちにドアをノックされて、「うるせえし、眠れねえよ、まったくもう」っていう歌だってこと。

そこで、「あのなあ、そんなもんにすがってるんじゃねえよ。じゃあ面倒くせえから俺がなってやる、復活するのは俺だ」と、そういう態度を人々にうながす歌なんだと解釈する立場を取っておいたほうがロマンチックだという気もする。向こうの人たちは、リザレクションという言葉を聞けばすぐピンとくるし、あんまりポップ・ミュージックで使う単語じゃないはずだから、なんたる傲慢というか「ふざけんな、おこがましいにもほどがある、リザレクションだと？ お前が？」って、当時ローゼズはものすごく叩かれたりもした。そういう意味で、彼らは世間にケンカを売って目立ったということでもある。

それから、あのあまりにもかっちょいいブルース・スケールのギター・ソロ・パート。あの凄まじさは「なんでこんなにうまいんだ!?」ってなものだが、しかし俺は、ストーン・ローゼズのライヴで都合8回は、ジョンがあれを弾くところを目撃しているのに、レコード通りに弾いてるのを見た試しが一度もない。そこで「いつもあそこストローク・プレイじゃないか、ピッキングして弾いてないぞ」と当人にぶつけてみたところ、「ええ？ どの場所のことだろう、歌ってみてくれないか？」と言われ、最後まで「場所が分からん」としらばっくれられてしまった。

「55分で終わるなんて短すぎる、契約違反だ」

ストーン・ローゼズの初来日公演［1989年10月］は、スタンディング形式のライヴが日本ではまだちっとも確立していなかった時代に行われた。当時は、バンドと会場がちぐはぐになってしまうケースも結構あって、例えば87年にビースティー・ボーイズが来日した時も、かなり微妙な感じだった。俺がニューヨークまで、彼らのライヴを観に行った時は、スラムみたいなところでやっていたんだけど、バックステージでは黒人ばっかりのスタッフがでっかい鉄球みたいなものを放り投げては受け止める遊びをやっていて、俺にまで投げつけてきたから、お前らとは体格が違うんだから受け止められねえよって逃げまくった。そんな恐ろしいノリのやつらだっていうのに、椅子席でヒップホップなんかできるわけないだろ。

ローゼズも初来日の五反田ゆうぽうとか日本青年館でやった時は、なにしろ客は椅子から離れることすら禁止されてるし、そんな会場でレイヴ・パーティみたいなことやれなんて言われたって無理な話で、バンド側は「こういうところでやるのははじめてだ」って面くらってた。ところがプロモーターは「55分で終わるなんて短すぎる、契約違反だ。なんとかならんのか」とか言い出した。まあ、事前に「増井くん、これはメタルでいいんだよね？」って聞いてきたりするような状況だったし、開演前の客も「ぎゃー、イアン～！」ってなノリではないので、しがない極東スポークスマンに過ぎない俺を「増井〜!」とかって会場でアジるしかなくて、俺はただただ恥ずかしいので逆にのっしのっしと中央通路を偉そうに歩かざるを得ないという場末の人民街道。

ただし、チッタだけは違った。あれは感動的に新しかったんだよ。終演後も客は帰らず、会場前に座り込んで「俺たちのバンド活動は本当にこれでいいのか」なんてことを真剣に話し合っている人がいたし、そう、なによりもさ、〝アドアド〟の従来のサビとは言わない部分、あのマニ、レニ、ジョンが「ここだ!」と密かに取り決めた歌メロディーではないサビと直後の静寂ブレイク……。あれに飛び跳ねた人たちはいろいろなしがらみから吹っ切れて、その後の人生を思うままにまっとうしたって話だよ。

あれからもう何年かすると、みんなライヴっていうのはこういうもんだっていう自分の解釈で、その場をそれぞれのやり方で楽しめるようになっていく。

第5章

編集長就任

（1990年5月号）

「正直ザ・ザはやりたくなかったし、絶対に売れないとも思っていた」

正式に『ロッキング・オン』編集長に就任したのは1990年5月号から。もう『Cut』も出て、『ジャパン』もそろそろ軌道にのるかという時期で、その頃に俺は「ストーン・ローゼズで誌面を活性化させた」ってのと、部数増と広告営業に貢献したことから、第1回目の社長賞を貰っている。けっこう仰々しくみんなの前で「はい、おめでとう」って5万円渡されて(笑)。第2回目は山崎が『ジャパン』の方向性を確定させたってことで、それっきり社長賞というものは出たことはないはず。今思うと奇妙なことしたよね、社長賞だなんて(笑)。

編集長になったタイミングについては、順当というかようやくというかなんと!って感じか、いろんな背景がある。アンケートの人気投票で上位にきていたり、自分が記事を担当したアーティストが表紙になったりして、社内的にも読者的にも自然な流れにあったと思う。

ちなみに、自分のやったインタビューがはじめて表紙になったのは89年9月号のペット・ショップ・ボーイズで、当時やたらペットショップを取り上げてるんだけどなぜだろう? たぶんレコードが20万枚とか売れてたからだね。ただし、そういう人たちを表紙にすれば部数も伸びるかと思いきや、彼らのファンというのはアーティストの発言よりもディスコで踊ることにしか興味がなかったようで、雑誌の売れ行きはそれほど芳しいとは言えなかった。

90年1月号

90年5月号

その次が90年1月号のストーン・ローゼズ。新たなディケイドの初っ端を飾る号で、なかなか象徴的だ。

そして3号目が正式に編集長となった5月号。就任第1号目でのザ・ザの表紙は大妥協策だった。正直ザ・ザはやりたくなかったし、絶対に売れないとも思っていた。マット・ジョンソンという人はインタビューも暗くて、来日公演でもジョニー・マー側に人の波がどどどっていう感じで、ジョニーに比べ知名度もスター性もずっと低い。ところが取材は「メンバー4人全員でなければどうしてもダメだ」というアーティスト側からの強い要望があり、こちらとしてはそこをなんとか突破したかったものの果たせず、「それならインタビュー記事は並列するから、なんとか表紙だけでもジョニー単独でどうだ」とかけあってみたが、それもNG。レコード会社とは大モメにモメて何時間もバトルを繰り広げ、当時の担当ディレクターは「おまえじゃ話になんねえから渋谷を出せバカ野郎」とキレてしまい、実際それから何年間か俺とはまったく口をきかなくなった。そういう口上を使ったんなら当然の成りゆきだけどね。

ただし、自分の中では「この号から編集長なんで、イチから全部しきるんだ」という節目の意識も別になかった。徐々に事実上の編集長になってきたという経緯があるし、別に業界パーティを開いたり、「就任しました☆」なんていうハガキを関係各所に出したりもしなかったし、編集人のクレジットが代わっただけ。作り方として気負ったとか、方法論が抜本的に変わったということもない。だから、ザ・ザの表紙で揉めた件も別に編集長になったからどうこうという脈絡にはないのだが、後述する別の件含め、まあ大変に苦労させられた就任第1号だった記憶がある。

ジョニー・マーがまた、やたら大御所モードでね。話すことは面白いし、言葉を選びつつも闊達に喋って、かつ実に論理的で感心したし、ザ・ザの立場として話したとはいえ、日本人がやったスミス関連の取材で唯一ちゃんと押さえることはできたという充足感はあったけども。

「お詫び原稿」とともに編集長に就任

『ジャパン』を創刊するにしても『Ｃｕｔ』を創刊するにしても「我々が既存の業界を変革してやる！」みたいな華々しい宣言文を書くのが渋谷陽一流なので、俺も「編集長に就任したからにはこんなことをしてやるぜ」とか言わなきゃいけないのかなあと密かにビビっていたんだけど、全然そうはならなかった。襲名演説みたいなことはなんだか気恥ずかしいし、そんなこ

90年5月号より

お詫び

本誌3月号に掲載の松村雅史氏による投稿「失われた出発点——U2再来日への疑問」に対してポリスター・レコードより、引用部分の発言事実が無根であるとの抗議が寄せられました。それを受けて編集部で調査したところ、同原稿に引用されているU2の発言は、いずれも事実とは異なるものでした。同文中の「日本の音楽産業はアホだ」、「(来日しないのは)日本が南アフリカ共和国と多額の貿易を行っていることへの抗議でもある」、「(来日する理由は)日本のマーケットが無視できなくなったから」、「もう日本には来ない」という発言は、実際にはU2はしていません。これは投稿掲載の決定にあたり、引用部分の出典の確認について怠慢であった編集部の責任です。投稿者とは採用決定段階に口頭による出典確認を行ったのですが、抗議を受けた後、改めて裏付けとなる具体的な出典を確認調査したところ、投稿者の完全な誤認であったことが判明しました。本来、このような重要な事実関係に対しては、万全の慎重さをもって対処すべきであり、口頭による確認作業のみで採用を決定してしまったことは軽率でした。ロッキング・オン編集部は二度とこうした事のないよう反省すると同時に、U2本人とポリスター・レコード並びにファンの方々にご迷惑をおかけしたことをお詫びし、訂正いたします。

ロッキング・オン編集長　増井　修
ロッキング・オン代　表　渋谷陽一

とやるタマでもないなと思ってしなかったというのもある。「そろそろおまえが適当にやれや」と非常に投げやりな感じである日突然言われて、そんなもんかなあと思いつつも「ああ、とうとう俺も編集長になったなあ嬉しいなあ」と単純に喜んでいたのだが、後になって気づけば、俺が編集長になったことを明示する記事は、なんと「お詫び原稿」だった。

なんのお詫びかというと、ある若い投稿者がU2に関するあからさまな批判原稿を送ってきて、文章そのものがしっかりしていて、それなりに論理的だったし載せようということになった。ただ、そこには「U2は『日本の音楽産業はアホだから、もう来日しない』と公言した」というようなことが書かれている。なので、とりあえず当該発言の出典をきちんと確認しなきゃいかんということで、本人に連絡をとることにした。

それまで、そんなふうにライターにリスク管理で確認をとるようなケースは皆無だった。要するに、みんな「僕の毎日の生活はこうである」という感じの主観的な原稿が多いから、そこで語られる音楽の評価というのも、現実に言った言わないとかの話に結びつくような内容のものはまずなかったわけだ。ともあれ、当時の部下へ「本人に電話して聞いておいてくれ」と指示を出したところ、確かにそういうことを発言していると相手が明言したというので、つい「そこまで言うなら本当なんだろう」と裏取りを徹底しないまま掲載してしまった。

そうしたらU2サイドから「そんなことは言っていない」と、いきなり内容証明が届けられた。彼らは日本の媒体も逐一チェックする機構を持っていた別格の存在だった。慌てて全社員が国会図書館に行き、そのような発言がどこかにないか調べてみたが、いっこうに見つからない。最後の方はもう、あるのかないのかってより、似た発言を無理にでも探し当てようって。しかし、どこにもない(笑)。一体全体どういうことなんだと投稿者に電話をかけ、「大変なことになってるんだけど、その発言が載っていたのは何という本の何号ですか。どこに書いてあるのか、ちゃんと教えてもらえないとマジで困る」と尋ねても、相手の話はまったく要領を得ない。結局これは彼の妄想内におけるU2の発言と認めるしかないことになり、もうお詫びを掲載するしかない。

創刊以来初となる大きなお詫びをやらなきゃいけない事態で、部下の確認の仕方が甘かったとか、筆者がアマチュアでバカでしたなんて書くわけにもいかず、そこで渋谷は俺との連名なら少しは気が楽というか、ふたりで責任を分担する形でお詫び原稿を掲載する。どちらかだけのせいにせず、一緒に詫びようやという形にしてくれたという言い方もできるかもしれない。

そこで「ロッキング・オン編集長　増井修／ロッキング・オン代表　渋谷陽一」と載ったわけ。

しかも当時の『ロッキング・オン』は、少し前から『ミュージック・マガジン』誌にケンカを売られ、先方の編集長だった中村とうようと渋谷との間で論争が起きていただけでなく、ストーン・ローゼズの初来日に関する記事でもこちらをけん制するような記事を載せたことで、俺もゴタゴタに巻き込まれているような状態だった。だから同じ90年5月号には、その争いに関する最終宣言的な「さらば中村とうよう」という渋谷の原稿と、「最高の反面教師を見た」という俺の原稿も見開きになって掲載されている。そんな騒動の煽りもあってか、社長賞みたいなこともあった一方で、単にめんどくさくて地味な編集長としての船出になったのだった。

『ミュージック・マガジン』との論争

90年の9月号は『ロッキング・オン』通巻200号となったが、ここでも特に記念として何かやるということは一切なかった。チープ・トリックの記事にちっちゃく「通巻200号記念企画・真夏の渋チプ対談」と入ってるね（笑）。とにかくロッキング・オンという会社は、記念行事の類をやったことがない。渋谷社長は1円足りとてムダなお金を使わない主義で、ケチと言ってもいいけど、昔の通帳を調べたら、なんと24歳にして冬に73万円ボーナスを貰っていたことが判明。年間で100万を上回っている。だから、決して単にケチだということではないのかも（笑）。「記念行事的なことには何の意味もない」と感じていただけで、とにかく形だけのことが嫌いな合理主義的な経営者。

『ミュージック・マガジン』との論争が行われている頃、俺は同時進行でローゼズ海外出張の話が動いていて、そちらに気持ちがいっていたこともあって気づいてなかったのだが、渋谷は中村とうようが相手ということで、かなり神経質になっていたようだ。一般的に、論争好きだし得意だしっていうパブリック・イメージがあると思うが、やっぱり中村とうようと岩谷宏に関しては、難敵というかスタンスがとりにくいというか、それなりに大変だったらしい。岩谷さんが辞める時も非常にナーバスになっていて、それは『宝島』とかと論争している時の余裕のあり方とはまったく違う様子だった。

当時、誰かとの会食か何かに渋谷の車で一緒に行って戻る途中、「この論争に、それぞれどういうけじめをつけよう」という話になったんだけど、「俺はもうあんなのどうでもいいですよ。ほっときゃいいんじゃないですか？　近々海外に行かなきゃいけませんし、やってられないっす」とか言ったら、いきなりマジ切れして「降りろ！」って言われた。俺はもう、これはとりなせないなと思い、すいませんとも言わず、青くなりもせず、しょうがないって車を降りるしかなかった。そうして、しばらくテクテク歩いてたら、道路が混んでいて車の方が遅くなったので、うしろから追いついた車が停まり、「まあ乗れ」みたいな感じで、ようやく落ち着いた。

なんであんなに怒ったのかを今から考えてみると、文筆家としての重いプライドがあった時代の人たちのラストバトルみたいなものだったんだろうね。生存権をかけた最後の私闘っていうか。俺の方のは論争などと言っても、やっかみとか出る杭を打っておくという意味合いしか感じとれず、それはそれでむかつきこそすれ、そもそも絶対に相手を言い負かさなければならんという類じゃなかった。でも渋谷は「論争とは、どちらかがぶっ倒れるまでだ」とか書いてたからね。むこうからチャウシェスク［80年代のルーマニアの独裁的権力者］呼ばわりされて、「ロックック界のチャウシェスクだよーん」とか、からかう調子でやり返してたけど、そうは言っても、なんか刺さったトゲがあったんだろうね。もともと渋谷にとって中村とうようは恩のあった人なんでしょう。

俺もただね、『ミュージック・マガジン』編集長の大竹さんとやらのやり方があまりに酷いので、生まれてはじめて胃が痛くなったりした。ストーン・ローゼズの記事を書いた音楽評論家は、別にそんなに悪い人じゃなかったけど、鳥井賀句《とりいがく》さんね。こちらが送った反論原稿に対する反論原稿を同時掲載し、勝手にこれで打ち切りってやって、そのうえ原稿料すら支払わないという暴虐。「そんな扱い方はひどい。だったら、載せないでくれ」と言ってるのにさ、勝手に掲載。電話で話したことを全部反故《ほご》にされた。とうようさんの一声で決めてしまったんだろう。そもそも原稿料も払わないんだったら載せるなよっていう、けち臭い。ああ編集長になるということは、こういう「調子こいてんじゃねえぞ！」って「出る杭を打ちに来るダサい人たち」が現れて、そういうメンドくさいことを引き受けていかなきゃいけないんだろうと思ったよ。その最初の洗礼がきたかと。

投稿メインの「宗教誌」から「音楽誌」に

そんなこんなで編集長になった俺は、さて何をやったのか。

80年代の『ロッキング・オン』というのは、ほとんど逆『ビッグ・トゥモロー』みたいな人生指南雑誌というか、極端なことを言っちゃうとたしかに宗教誌だった。読者の投稿原稿が人気と影響力を持っていて、もう「ミュージシャンのインタビューとかどうでもいいから、とにかく同世代の人が何を考えているか読みたい」っていうニーズが非常に高く、読者の半分くらいがそういう感じだったんじゃないかな。ローリング・ストーンズのインタビューよりも、誰も知らない18歳くらいの投稿者の原稿をむさぼり読むような人たちが多かったと思う。そして、そういう人たちは人生の闇をロックにぶつけてるわけだから、ものすごく重い原稿を書いてくる。類型化してしまうと、まず自分のトラウマを書いて、それを克服するためにロックをジャンピングボードとして使ったとか、そういう内容のものが横溢《おういつ》していた。俺はそれを、期せずして「音楽誌」にしていくことになる。

自分には、音楽がないと死んでしまうとか、どうしようもないほど重症のマニアだとか、まったくそういうところがなく、たまたま入った出版社が音楽やってたんで同化しなきゃいけなかった。しかし、それにもかかわらず俺は『ロッキング・オン』をどんどん「音楽雑誌」化した。だって、そうしないと儲からないし、俺のやることは結局そこだと思ったわけ。

もっともね、こういうことばっか言ってると、「じゃ、お前にとってのロック音楽はひとつも切実なものじゃなかったのか」って言われそうだけど、それもまた違うんだよ。自分もやっぱりロックからいろいろ学んだし、そうする必要があった。

原稿では渋谷陽一にどうしても勝てない

まず、やっぱり原稿では渋谷陽一にどうしても勝てない。いちいち鋭いし、あっという間に書いちゃうし、「これは違うんじゃないですか?」と違和感を覚えるのがもう全然なくて、アングルもオリジナリティにあふれている。彼は自分について「悪魔的な存在が自分の中には住み着いてない」「俺には作家魂がカケラもないんだ」ということをしょっちゅう言ってたけど、そんなものはなくても批評は常に的を射ているし、それから《2万字インタビュー》とか《このアーティスト、この10曲》みたいな物凄くウケる方法論を作り上げ、そういう企画なら広範なファン層に対応できるから、日本のミュージシャンに応用もできるし、デヴィッド・ボウイやエアロスミス、ポール・ウェラーみたいな歴史のあるアーティストには絶大な威力を発揮する。海外誌ではやっていたので多分そこからアイデアを得たのだとは思うけれども、《2万字インタビュー》という言葉を発明し、日本の出版界に持ち込んだのは渋谷で、そこから他ジャンルの雑誌もみんなマネしてやるようになった。

用語の発明といえば、《初期衝動》なる言葉をしょっちゅう普通に使ってる音楽ライターがいるけど、それも渋谷陽一の造語だ。そんな広辞苑にも載ってないような言葉、誰が知ってるの？「初期衝動ってどういう意味ですか？」と質問しても、答えられる人はおそらく10万人中たぶん3人しかいないんじゃないか？　これは表現する以前のもどかしさ、ややこしさを表した言葉で、ああ追いつかねえ、うぎゃー！ってな気持ちのこと。つまりあらかじめ内在した表現の情熱ってゆー哲学用語ですよ。それがなんとなくニュアンスは伝わるので広まったわけだ。ロック村でしか通じない言葉だし、嬉々として連呼してるような原稿を目にすると、地震じゃあるまいし《初期微動》かよ、なんて思ったりする。キャッチ・コピーのセンスがあるから、実際に使っているライターも無意識のまま、そんな風に定着してしまっているわけだ。

『陽一さんのもしもし編集室』という、マンガ編集後記をまとめた単行本がある。本にしたくらいだから、人気があった。ところがこれ、誰が書いていたかと言えば北海道在住の普通の読者。彼女とは一度も俺は会ったことがない。また彼女からその漫画を描くにあたっての取材を受けたこともなし。そういうアマチュアの一読者が描く楽屋オチの本について、一体どんな前書きを書くんじゃいと思っていたら、渋谷は《書かれなかった編集後記》というタイトルで、「読者が作る編集後記というものが一番健全である」という、非常に鋭い原稿を書いてみせた。そこでは読者操作とか編集者の作為が働きようもなく、あるのは読者としての批評だけってこと。こうした謙虚さと頭の良さについては、すごく尊敬していた。

『陽一さんのもしもし編集室』（作・佐々木容子）

猛烈サラリーマンとして、いかに儲けて会社を大きくするか

編集長になった経緯がどうあれ、あるいは仮初であれ、長年の編集長を譲られた責務はやっぱ重いからさ。どうやったらいいのか、試行錯誤しっぱなしだった。

先代に勝てることと言えば、まずひとつは熱血をやること。これは自分の資質でもあり、時代の気分でもあった。記事を作る側が本気で盛り上がれば、ある意味でアーティストと同化するってことになるし、それが読者を引きずり込んでいくパワーになるだろうという直感だよね。そこは渋谷陽一もやっていない。彼はもっと対象に距離を置くのが基本スタイルの人だ。そこで「このアーティストが大好きだあっ!」っていう、極端に言えば批評もへったくれもないまま突っ走るような愚直な熱気を武器にできるかもと思ったんじゃないか。

もうひとつは、自分は猛烈サラリーマンだったのだとも思う。重度の音楽マニアでもないし、難しい評論で尊敬されても嬉しくないし、できもしない。だけどいかに儲けて会社を大きくしていくかという話は俄然、盛り上がる。ライナーノーツの依頼を断わりまくっていたのも、そういうものを書いているより、会社として他のことをしていた方が楽しいし儲かるからだ。

つまり、もう評論家の時代じゃないってこと。もちろん個人事業主の時代でもない。批評を頑張ってたくさん書くよりミュージシャンのインタビューをちゃんと自前で取りましょう、写真もしっかり撮影しましょう、いい取材をとれる環境を整えましょう、細かい読者ページもきちんと作りましょう、もっと読者サービスもやりましょう、それから広告は貴重な情報だし賑やかしだから必要ですって、そういう方向性を持ち、結果として『ロッキング・オン』は必然的に「音楽雑誌として」充実していくことになったわけだ。

熱血サラリーマン風情というか、メンタルで押し切るみたいなところとは真逆に、渋谷によるチープ・トリックのインタビューに「真夏の渋チプ対談」みたいなコピーをつけてしまう、バカバカしくてくだらないノリが俺は好きで、そういうのが『ロッキング・オン』に少ないのは、一方では非常によくないとも考えていた。ロックのことを知らなくても笑えるような原稿、ちょっとテンションが落ちてホッとできる救いのページがあまりに少ない。読むのにエラく時間かかるようなめんどくせえことが多い。それはそれでいいんだけど何しろ濃い。もし記事が載っているアーティストに関心がなければ、「もしもし編集室」しか読むところがないような人も結構いたと思う。

海に行って拾ってきて食った貝がマズかったっていうだけの話を放り込んで「増井修の意味なし芳一」とか「無視無視コロコロ」ってゆうタイトルをつけて、デザイナーの大類さんに適当なイラストを描いてもらってすみっちょに載せるのが大好物だった。ロッキング・オン史を揺るがす「フェイバリット・フルーツ」なる名作［1988年3月号］は、当時の社員や業界人から「好きな果物、ベスト3を教えてください」としてアンケート用紙を作り、ひとりひとり書いてもらったのを馬鹿にする企画。読者投票で、表紙のU2に次ぐ結果を見せた。

マンガにかなり拘《こだわ》っていったのも、ロックの本作っていてマンガがないのはどう考えてもおかしいから。もちろん、もっと白地を作りたいって感覚もあったんだろう。本当に文字ばっか

コラムページのイラスト
（作・大類信）

りで、気が休まるのはピンナップのページだけ。そのピンナップ写真だって美術的な価値があり、場合によってはずっと眺めていられるようなのを載せてるから意味は非常にあって、本質的には気が休まらない。

ついでに言うと、写真をセレクトする際のヴィジュアル・センスを学ぶのにはとても時間がかかった。どれが「いい写真」なのか、なかなか分からなくて、「なんで渋谷さんと大類さんはこの写真を選んでるんだろう。明らかにふたりの意見は通じていて、これはいい写真だみたいなことを言い合っている」と焦り、こっちが選んでみせた写真は「こんな写真、馬鹿じゃねえか」「なにこれ？」みたいな反応をされる。「なにを根拠にこのふたりは？」と思ったし、「だってスティーヴン・タイラーが庭はいてて面白いじゃないですか！」とか、最初の頃なんか食ってかかりそうになっていた。

単にバランスを取りたいとか、息抜きとか、気軽にって意味じゃない。要はエンタメを真剣に展開したかったし、そこに俺流の中2どころか小4感覚エッセンスをものにしてみたかった。果物は何が好きですかで「ものにする」ってのもなんだけど。

「いかにデーモン・アルバーンがスケベか」ということばかり話してました

1992年8月号では、ガンズ・アンド・ローゼズのツアー・サポートを務めたフェイス・ノー・モアのステージをドイツまで見に行って、マイク・パットンが下半身を露わにするのを目の当たりにした。アクセル待ちで最前列をキープしている女子たちに向かって自らの肛門を晒す行為は、明らかにガンズへの悪意を感じさせたが、当然のように俺は、その様子が映し出された写真を見開きで掲載し、ノリノリで現場のレポートを書き綴った。

93年4月号

ヴァネッサ・パラディとレニー・クラヴィッツの2ショット表紙［1993年4月号］は、ふだん『ロッキング・オン』を買ってないような人にもアピールして売れると思って作ったもの。この時期にレニーとヴァネッサの写真をたくさん見たのだが、一枚必殺ショットがあった。パパラッチがレニーを追っかけてたら、そのままヴァネッサのお城みたいな家に入って行って泊まっちゃって、朝になってふたりして出てきたところを撮ったということらしい。その写真がスゴい。レニーはスキッとしているんだけど、ヴァネッサの方は、もう一睡もしてないというか、使い尽くされたというか、「一夜にして人間こうまで変わるのか？」っていうくらい、やつれ果てちゃってる。で、事実はどうか分からないけれど、もちろん俺は、そういう解説を嫌だ読みたくないという気持ちの読者のために書き綴った。

80年代には、カイリー・ミノーグとか、トランスヴィジョン・ヴァンプとか、ブロスのようなアーティストの記事を、他にやる人がいないから俺がやるしかないという、サラリーマン的なガッツで「なんでもやるぞ」とこなしていたが、そういえば、なんたって最初にインタビューさせられたのはベイ・シティ・ローラーズのレスリー・マッコーエンだった。当時レスリーはちょうどベイ・シティ・ローラーズを脱退してソロ・アルバムを出すというので、レコード会社の偉い人から渋谷陽一に「インタビューやってくれないか」とオファーがあったのだが、渋谷は当日ラジオ収録かなんか別件で忙しくて行けない。

そこで「増井おまえ行って来い」という話になり、ただ、あまりに何も知らなさすぎて心配だからと松村雄策さんをつけてくれて、通訳のスティーヴ・ハリスと3人で都ホテルまでインタビューしに行った。結果はまあ、ことのほかちゃんとできてしまい、そしたらレスリーは、ソロになったばかりでちょっと不安だし、独り立ちしたアルバムを成功させなきいけないから、過剰なサーヴィス・モードに入っていて、「とてもいいインタビューだったよ、どうだいこのあと一緒に食事でも」みたいなことまで言い出す始末。さらにホテルの前には200人くらい女の子たちが集まって、レスリーが顔を出すのを待っていたのだが、彼はその並んでる女

ロックンロールにとって「結婚」とは何か

編集部員同士で対談する「タッグランダム」

の子たちのところまで出ていって、そこで俺に「誰を選んでもいいんだよ」だって。「エニワン・キャン・プレイ！」って、後のトム・ヨークの曲想はここからだった。まあ、このあたりはかなり記憶が改竄《かいざん》されている可能性もあります。

みなと図書館で行なっていた「ロック講座」というビデオ上映会では、主にこういう逸話を喋っては、来た人たちを困惑の渦に叩き落としていた。そうすると「いかにデーモン・アルバーンがスケベかということばかり話してましたが、どういうつもりですか!?　真実かどうかも分からない話をまことしやかにされたら、本当に迷惑で、そんなこと言う必要も資格もない！」と投書が届いたりして、そういう反応が来れば来るほど、わたしはますます得意げに話し続けました。

「それぞれがライターとして人気者になってくれ」という方針

あとね、名物ページ、渋谷陽一と松村雄策ご両名による「渋松対談」が、だんだん本誌でメインになっているアーティストの話をしてくれなくなってしまったので、代わりに編集部員ふたりが対談するページ「タッグランダム」をはじめた。なにしろ対談というのは小難しい評論文と違い、実際に喋っている言葉を使うので非常に読みやすいし、今のアーティストについて身をもって自分のこととして話せるし、笑いの要素もふんだんに入るので、常に人気の高いページだった。また、読者へ編集者のキャラを売る場にもできたし、なんといっても「この人たちは身近にいるんだな」という感覚が大きかった。

ここでも自分は、すぐ「クビだ!」とか「辞めろ!」とか言い出す暴虐キャラを得意としていて、レイプマンというバンドの話をする時、「君はレイプしたことある?」などと言い放っていた。96年7月号の、編集部員の井上貴子と俺のタッグランダムでは、「マンコと言えば、おまえ結婚したんだっけ?」「そういうふりはやめてください」みたいなヒドいことを。9割がた俺がふたり分の発言を原稿用紙に実際に書いているのだが、何箇所かは井上自身で書いていて、そうすると、そこがなんというかとてもオネストな感じに作用するのが可笑しかった。

最初に俺が社員ひとりひとりを特徴付けるから、後はそれぞれがライターとして人気者になってくれ、という方針も確かにあった。その方針を揶揄する言葉として例えば、「また今回も増井道場で犠牲者が……」なんかも意図して誘導した。そうでないと自分は会社的にポジションがない。「嫌われていたのですか?」などと後になって言われることも多い。だけど、そんな風に文章の中で部下からいじられる分には健全なわけで、本当にそうだったら書けな

会社発26時

編集部内に田中という姓の男が二人いるため、一人はタナソウ、もう一人はタナヒロ、あるいは単にヒロと呼んで区別していたのだが、我が社の優しい女性社員たちはこの略称に私による何がしかの侮蔑的意図、もしくは暴力的思想でも感じ取ったのか、この通りに電話を取り次ぐことをしない。「タナソウ」など完全に一般化し、「ダイナソーJr」を頼んだら注文書に「タナソウJrと書かれた」とか「タナソウ百タタキ」とか読者にも誌面にも業界にもその自堕落なイメージは完全に流通・定着しているはずである。本来なら「タナソウ、電話！」でいいはずだ。ところが、あろうことか、女性社員たちは「宗一郎さん、お電話です」などと取り次ぐのだ。これをきくたびに私は仕事をする気力を根本から失ってしまう。あたかも上流階級の新妻がウェッジウッドにいれたダージリン・ティーをそっと手元に運ぶかのような、またあるいは夏目漱石の「それから」に出てきた三千代が病床から力なく代助を呼ぶかのような、この上もないワイセツ性。これはまさにスウェードの〝アニマル・ナイトレイト〟のバーナードの間奏パートにも匹敵するワイセツ性だ。いても立ってもいられないどころか、その場にいたら必ず立ってしまう。「ヒロさん、お電話です」などと言うのはただマヌケなだけでなんでもないが、タナソウのアホンダラに対するこの偶然の響きだけは絶対に許せない。この場を借りて以後、禁止とする。

（増井修）

編集後記がわりの「会社発26時」

かったでしょう。いや、ギリギリ書けた最後の抵抗だったのか。

ただ、熱血を演じて、それを重要なテーマだと感じているエセ体育会系としては、確かに道場的な要素を持っていた。厳しかっただろうし、完全を要求したみたいなところもあって、「無理やりウケるところまでやってやるぞコンチクショー！」みたいなところまで追い込んだ。だから自分が満足すると本当に褒めたね。褒めても一向に響かない人が多かったけど。

身を削る思いで書いていた「会社発26時」

1992年5月号から誌面を大幅にリニューアルしたタイミングでは、本の中盤に設けてある「CULTURE CLUB」というコーナーの扉ページで「会社発26時」というコラムをはじめた。しばらくは自分が書いていたのだが、そのうち、編集長だけが書いててもしょうがないな、いろんなアングルから今月はどうだったってことが書かれていた方がいいだろうと思って、編集部全員が順番に書くようにした。契約社員やアルバイトの、普段は原稿を書かないスタッフにも書かせたので、「ああ、こんな人がいるんだ」って感じた読者も多いかもしれない。バイトや契約は女性が多かったが、彼女たちにとっても、参加意識を持たせただろうし、読者から反響があること含めて嬉しかったんじゃないかな。嬉しいというか、被虐の喜びというか。そこはちょうど紙質が変わってアンケート用のハガキも挟んでいるので開きやすくて、ある意味いちばん目立つところに掲載される原稿だから開き直らないと書けなかったはず。

だけど、書かせてみると大体できてしまった。しかも不思議なことにみんな面白い。特に直したことは一度もない。で、「お、やった、面白いじゃん」って、結構面と向かって言った記憶がいっぱいある。そうなったら、俺はラジオの番宣のページで自分なりの編集後記が書けるので、ここには年に1回くらい書けばいいだろう、むしろ1回も出なくていい、みたいな感じで楽になった。

こんだけキャラの立ってる者ばっかりなのだから、今月こんなことがありました～なんて話より、そういう人間実在、実存の暗黒を書いている。普通ならアーティストの話とか書くと思うんだけど、そういうことよりも、暗黒を書けと読者から言われているんだから、それは大変なことになる。キャラを立たすか貶《おとし》めるか。もはやゲーム的なやりとりであって、「結婚式に出ました。とてもいい式でした」という素材であっても、そこに無難な日記的報告の要素はなく、強烈なアクの添付は言下に必須で、その意味で全員が偽悪になる必要があったのだが、その偽悪が本人をも真の悪に染め上げて行くという構造には誰も気づかない。だって、何のネームバリューもない人間が、今月はこんなにたいへんでしたなどとオチもない日常ネタをやったら、抹殺確定。

編集後記の類によくある自己満足、苦労自慢、楽屋落ち、仲良し報告、予定調和の感涙主義、感動地獄説話などがこうして注意深く退けられ、それはそれは荒んだ現場を垣間見るだけの殺戮《さつりく》大陸と化した経緯は、そんな感じであった。

誰もが、何を書くにしても身を削る思いで書いていた。二日徹夜して書いてていると聞き、「どうなんだ？　とりあえず家に帰っても一回出直さないか？　ああん？」と会社員としての務めを説き、さしあたり帰路につかせたことも二度や三度ではない。

ところが、そうして読者に身売りするスタンスを学んだものの中には、自分を貶めて見せる批評的な目的から乖離《かいり》して、ただただ上司への反感をそれとなく書き綴ってみせる、読者本位の本質を忘却した、思ってもいない場所からの反撃をかます輩が出現したのだ。それは社外からではなく内部からの、堂々たる揶揄だった。

世代間の闘争

こうやって人前で話してると、なにか整頓されてくるものがある。自分の振る舞い方の根拠は、そのパーソナリティーからだけ出てきたものじゃなかったってこと。ひとつは世代だよね。簡単にまとめちゃうと、とうようさんはキューバに入れ込んだくらいだから、みんなの幸せを考える左翼世代。渋谷はそれを踏まえたアンチとしての新右翼の個人主義。俺はというと、会社がでかくなれば人は幸せになれるという高度成長期の子孫という具合でさ。なんか、俺だけだっせーな（笑）。だから鈴木（喜之《よしゆき》）なんかの世代になっちゃうと引き籠ってグーグルのゲームやってりゃOKになっちまったんだって。

重要なのは、世代的な特質が個別にあったわけじゃなくて、前を引き継いでいるところもあれば否定しているところもあるってことで、続いてるんだよね。論争とかその方法論まで時代の干渉を受けるのは当然としても、前任者をどう乗り越えるかはやっぱ、その人固有のやり方というよりも、断然世代感覚であり、ある意味、歴史なんだろう。

そう考えると俺が渋谷に対して反旗を翻したわけでもないのに、なんとなく彼の嫌いなやり方を選択した理由も、致し方ないことのように思える。乗り越えようと努力するには誰でもきっと前をどこかで否定しないとはじまりもしないから。例えば俺の次に編集長になった宮嵜（広司）が時たま、暗黒を装いつつ、しかし読者には分からん形で俺を攻撃している「会社発」とかの原稿を見るたびに、あーうぜーってなったもんだけど、認めて努力して凌駕《りょうが》しようとすればどうしてもそっからはじめざるを得なかったのかもしれない。多分似たような感覚を渋谷が俺に対して抱いたとしても不思議はない。

こういうのは今にはじまったことでもなんでもなくて、大塚家具とか、創業家の血みどろの戦いとか政治家の派閥とか、同じなんじゃないか。向上心を持った人は意識しなくても直近の否定を内包するんだろう。だから『課長島耕作』だけは許せん。あれほど立場も歴史もしょわないでぐんぐん上に行くって、そんなきれいごとあるのか。

他にも、これはビッグ・ニュースだ!というネタを載せる「ヘッドライン」のページとか、そういう細かいところをやたら充実させていった。ストーン・ローゼズの初来日時に、巻頭の見開きでライヴ評を3本もってこようなんて構成も、それまでは面倒くさくてやってなかったと思う。細かいところをきちんとやれるかどうかは、俺にとっては意味を持った頑張りだった。

「渋松対談」の作り方

ところで、雑誌を作っていて、予想とはまったく違う読者の反応にびっくりしたケースが2つほどある。

ひとつは、対談記事というのは本当にふたりの人間が対話をしながら作ったものだと信じ込んでいる人がいたこと。確かに初期の頃には、「はい、あんたの意見はどうですか?」と、自分の発言部分だけを書いて相手に渡し……という形でやってみたこともあったけれど、そんなことやってたらもう時間がかかりすぎるわ文章も長くなるわでどうしようもない。確か「レッド・ツェッペリン『イン・スルー・ジ・アウト・ドア』の〝ケラウズランブラ〟について」のテーマの時、渋谷が松村さんじゃない別の人と対談記事を作ろうとしたものの、どうにも収拾がつかなくなっていた記憶がある。真剣勝負だとそうなる。「タッグランダム」でもそれは同じで、本当に対談してしまったらそうなるのだ。だから記事にするにはそれなりに気心の合う相手としかできなかった。相手に対して何を書いても許すという前提がなければ、とりたてて仲が悪くなくとも膠着状況となる。

だから実際は、自分の発言だけでなく相手の分も含めてある程度のやりとりをガーッと原稿用紙3枚くらいひとりで書き進め、それなりの流れを作ったところで相手に渡し、今度はそれを受け取ったほうが会話の続きを書いていく。そういうことを2回くらい繰り返して完成させる方法。どっちがオチを作るかはその時々で違ったりするが、いずれにせよ相手はデコボコのコンビでないとうまくはいかない。

その点、渋谷・松村の両名は完全に互いの呼吸が通じあっていた。さらに、政治的にもうまく利用して、たとえば「俺なんか中村とうように、こんなこと言われているんだぞ」とか対談の中で冗談めかして書いてしまう。すると、お笑い記事っぽいから相手としては反論しにくいうえに、確実に刺さるような攻撃になったりする。これを英国ではユーモアと呼ぶ。

「読者を信用しすぎてた」

もうひとつの読者からの想定外なリアクションは、「ボビー・ギレスピーがついにクスリで死んだそうだ」とか誇張やギャグとして書くと、そのまま鵜呑みにして本当に信じちゃう人が世の中には存在するんだな、ということ。もちろん、冗談なのは添えてある。オアシス『モーニング・グローリー』のライナーで、「おっとシングルについてのライナー書いちゃったぜ」っていう冗談が一部の人には通じなかったりした話に近い。

プロとして、受け手の反応を100%コントロールできるなんて思い上がったりは当然していないが、「そりゃないっしょ?」というような予想外の反応を得て、逆に言うと「読者を信用しすぎてたなあ」というところはあったのかもしれないと感じる。「ここまでは大丈夫だろう」という信頼のようなものを持ちすぎていたこともあった。そう思った時には既に雑誌が一定の読者に向けてしか作用してない、閉じた証なのだから。

ともかく、この頃は原稿で、もう平気で嘘をついて、撤回もしなければ「うそだぴょーん」みたいなフォローすらしないという感じになっていた。例えば「このアルバムを聴いて死んだやつが英国では432人も出たというが、さもありなんという音である」とか書いていて、バカバカしいけど、こういうのが自分のキャラだというか、ある種の自信だった気がする。そういうところで、わざわざ「本当かどうかは知らないが」みたいなことを書き添えていてはドッチラケだし、それくらい冗談だってみんな分かってくれているでしょうと考えていた。その意味で、今になって原稿を読むとさすがに幼いところもあるんだけど、断じているのでスッキリしていて面白い。

海外の「買い記事」をいかに料理するか

自分がインタビューをとって表紙にしたペット・ショップ・ボーイズの記事クレジットを見ると、写真は自分のところで撮らずに通信社から買ったものを使っている。当初の『ロッキング・オン』は、投稿と買い記事と買った写真を合わせて完成、という非常にイージーな作り方だったことは述べた通り。しかし『ジャパン』を創刊したことによって、スタジオを押さえて優秀なカメラマンを使い、アーティストの写真を全部こちらで撮り下ろすというノウハウがついてきたこともあり、これを次第に外タレにも応用していくようになっていった。もし『ジャパン』をやってなかったら、ずっと「なんですかスタジオって？　誰か働いてるんですか？」みたいなレベルのままだったかもしれない（笑）。

バンドをスタジオに入れて写真を撮るとなると、時間もお金もかかるので、当時そういうことは『ロッキング・オン』しかやっていなかったんじゃないかと思う。『ミュージック・ライフ』が外タレの来日時に撮っていた写真って、「日本観光を楽しむロック・スター様御一行に密着!」みたいな、なんだかロイヤル・ファミリーのレポートみたいな印象が強い。

もちろんはじめた頃は、ローゼズとかライドとか、まだ若いバンドしかスタジオに入れる時間はとれなかったし、もっと大物のアーティストに「ロッキング・オンだけ4時間よこせ、他の媒体は全部30分ずつでいいじゃん」みたいな、それとなく形成されていく取材枠にしてもらうようなことは無理だった。売り上げが伸びて制作費をかけられたことはもちろんだが、新世代のバンドが出てきて、そういう連中は時間も押さえやすいし、やる気も双方にあるという状況だから、そうやっていろんな条件が重なってきたおかげ。

一方で、買い記事や買い写真であっても、編集部が積極的に関与しているように見せ方を工夫した。たとえば『NME』に載ったスミス解散後初となるジョニー・マーの独占インタビューを、そのままただ載せるのではなく、「これはファン垂涎の記事だ、なぜならスミスを脱退してから初めてジョニーが本音を語ったインタビューで、超貴重な内容だし面白いよ」と前振りを書いていれば、読者の記事への向き合い方はまるで変わってくる。つまり、こちらの手元にいったん引き寄せ、編集部独自のスタンスを加えて、買い記事を料理して出すようになったわけ。あったりまえのことだね、すまん(笑)。TVでつまらないネタであっても中央スタジオで司会者が加工すれば視聴者のスタンスが取りやすくなるのと同じ。でも当時は自覚できていなかった。

そうこうしているうちに、注目した記事を通信社経由で買うだけでなく、向こうの編集部と直接コンタクトをとるようになり、『Q』とかを相手に「それは高い」と値段を交渉したり、「ついでにカメラマンの連絡先も教えろ」と言って、その次の機会にはケヴィン・カミンズやポール・スラッタリーといった海外カメラマンを独自に手配したりするなど、そういうことを、当時メールはないから電話やファクスや手紙を通じて行なうようにもなった。そんなふうに現地とのやりとりにも熱が入ってリレーションも緊密になっていくことで、さらに音楽誌としての充実が図られていく。

「ディレクターは羽交い締めにしておきますから、好きなように撮ってください」

1994年10月号。ブラーのカバーストーリー。表紙案件でページ数も16と過去最大規模の記事。ページが予定より増えた理由は、カメラマンの妹尾《せのお》一郎さんが撮り下ろした写真をできうる限り載せたから。この頃からファッション系の仕事をしてきたカメラマンを使うようになってきて、そうした人たちの中にもロックが大好きだったり、事前に一生懸命聴いて勉強してくる人たちがいた。

彼らに言わせると、ファッション業界での仕事はクライアントに絶大な決定権があり、ものすごく気疲れして、一生懸命に計算して、緊張しまくりながら、やっと撮ったと思ったら、そここにまた色々と口を出され、自分の個性も生かせず、楽しくもなく、達成感もなく……という世界なんだという人までいた。それがこっちの仕事だと、過去にどんなキャリアがあろうが関係なく、全部お任せしますってバーンと頼んでくれるから嬉しかったに違いない。ブラーの写真も表紙になったわけだけど、いきなりそんなデカい仕事を任せられるとは思ってなかったからか、そうしたきっぷのよさにも驚いていたね。

この頃には写真とカメラマンを見る目が結構できていて、売り込みでポートフォリオを見せられた時からオッと感じるものがあり、この人はイケると判断すれば、『ロッキング・オン』本誌でも『ジャパン』でも、すぐに何ページもドーンとやってもらっていた。

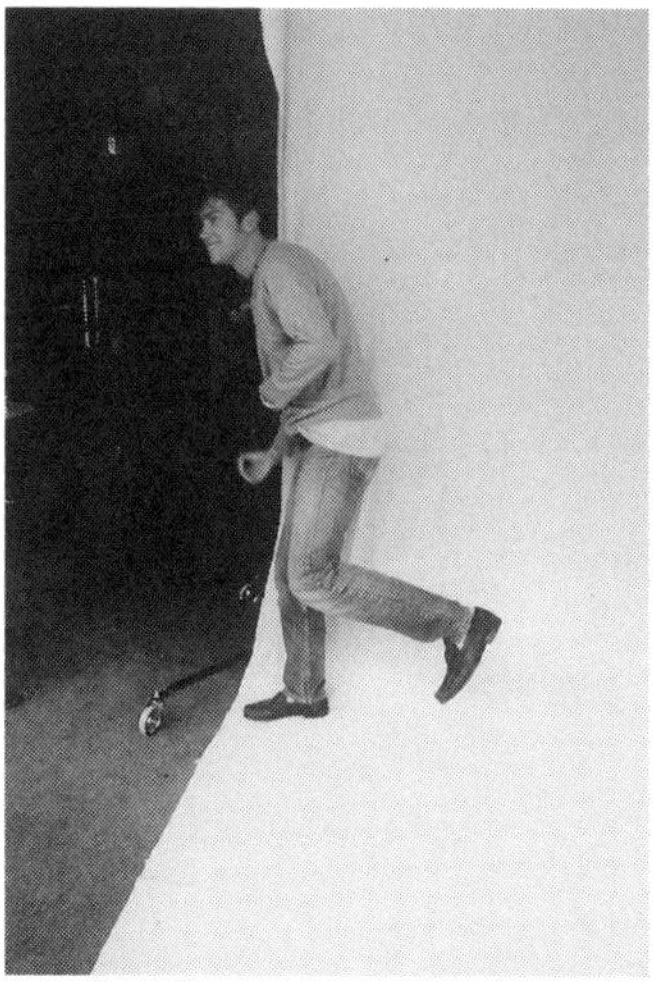
94年10月号。デーモン・アルバーンの撮影オフショット

通常、カメラマンは俺や通訳と一緒に現場入りし、機材を運びこんだところからもう取材枠がはじまっている。だから、まずアーティストにインタビューしてる間に撮影のための電源やバックドロップをセットし、光量を測ったりポラを切ったりといった作業をどんどん進めておき、40分くらいのインタビューの後、最後の5

分とか10分とかで撮ってもらう、というのがパターン。時には「40分しかないんで、撮影にとれる時間は5分です。5分でとにかく5枚は撮ってください。使うのは2点だと思います」なんて状況もあった。

このブラー表紙記事はデーモン・アルバーンの2万字インタビューということで、取材はレコード会社で行なったのだが、「担当ディレクターはこっちで羽交い締めにしておきますから、好きなように撮ってください」と体験のないカメラマンに事前に言っておいた。「取材時間は全部で1時間に満たないけど、これだけの時間とれたのでも大変なことなんで、そちらがセットアップしてもらってる間にインタビューを済ませますから、セットできたらすぐお願いします」という感じ。実際10分くらいしか撮影していない。

そこでデーモンがこれだけ多様で無防備な表情ができるっていうのもスゴいし、それをくまなく撮りまくったっていうのもスゴい。集中力が必要なのと同時に、カメラマンがある程度リラックスさせる話術がないと、相手もこういう顔はできない。なおかつブラーの音楽の本質というものに対して、彼なりに解釈して批評していなければ、こうは写せないだろう。それでいてテクニックもあるということで、まあズッパマリなフォトセッションだった。

インタビュー中の筆者(右)とスティーヴ・ハリス(左)

通訳は現場をしきる人であり、インタビュアーでもあった

当時、インタビュー現場で相手の話している英語は1%くらいしか聞きとれなかった。今、洋楽雑誌の編集はおろかライターでも誰でもあり得ない話だろうな。だから、通訳には「相手の言ったことを、現場でこちらに訳して戻す必要はない」と伝え、話の流れに重要な空気を感じた時だけ確認するようにしていた。その代わり、事前にインタビュー相手の持つストーリーや取材の主旨についてレクチャーしておき、その場その場の質問の選択は通訳に委ねる。

通訳は非常に重要で、彼らは現場をしきる人であり、対話の雰囲気を作る人であり、具体的なコミュニケーションをとってインタビューイーを安心させる存在であり、そして最終的にはインタビュアーでもあった。そこでは自分は形式上の進行役、あとは雑誌の担当者としてそこにいるにすぎない。

しかし誌面でインタビュアーのクレジットを通訳の名前にしてしまうのは、どうにも違和感がある。これはスティーヴ・ハリスがやった記事ということにしてしまうと、彼がリードも書かなきゃいけなくなるし、そもそも特定のファンであっては何も書けなくなる。

渋谷陽一のラジオ番組に時おり出演したりして、当時の『ロッキング・オン』読者にはよく知られた存在だったスティーヴ・ハリスは、こちらの渡した質問を、なんじゃこりゃとか思いながら、「こいつ実にアホな質問を考えたんですけど」とか勝手な前置きを入れて訊いたりする。例えば、渋谷陽一が念願のジミー・ペイジ2万字インタビューをやった時、渋谷は超憧れの人に向かって生年月日から尋ねてしまい、そしたらジミーは「そんなとこから聞くんかあ！」と怒り出した。

すでに『ジャパン』では確立した「2万字インタビュー」定番の1問目で、俺が岡村靖幸の2万字をやった時も、六本木プリンスの部屋をとって、デスクライト1本だけつけた暗い室内にふたりだけという環境で「ハイ、君、生年月日は？」ってやったら、あとで岡村ちゃんは「まさしく取り調べだった」と吉川晃司にグチをこぼし、その逸話が業界中に広まったということがあったもの。

それをジミー・ペイジにやったもんだから「そっからやるのかよ！」て言われたわけなんだけど、そういう場面にブチあたってもスティーヴは一切ひるまず「ビッグバンからやるんですよ！」とか切り返していく。そういうのがとてもうまくて、インタビューされる側も安心するし、「こいつは適当なこと言ってりゃ時間が経つお行儀のいい記者とはちょっと違うぞ」と侮られないムードを織り込んでいくこともできる。だからスティーヴが通訳するインタビューは、相手が退屈していない。すごく助かったし、意図的に利用させてもらった。「ボク大ファンなんです」と握手したり一緒に写真撮ったりとかしちゃうと、その瞬間に上下の関係性ができてしまって、本来なら対等な立場にいるはずのインタビュアーとしてのスタンスが崩れてしまう。そうなったら、もうジャーナリストでもなんでもない。

当時、日本人の通訳で染谷和美さん級にうまい人はあまりいなかったと思う。相手もしっかり実力を見ていて、普通に会話するように話が通じないことが分かると途端にやる気をなくしたりする。そうでなくても人間の心理として、平易な言葉で語ろうとするから、発言内容が薄まってしまう。

そういうわけでネイティヴの通訳にこだわっていたところもあったのだが、逆に、一度とんでもないアメリカ人を起用してしまったこともあった。その通訳は、こちらの結構マジメな質問を物凄く噛み砕いて、ナンパ変換してしまい、たぶん場を盛り上げようとしたのだと思うが、「女の子でドラマーって疲れちゃうだろうし、もうボーイフレンドがいなくちゃやってられないって感じぃ？」って話したのがセクハラとして受け取られたらしく、相手のシーラEはカンカンに怒ってインタビュー途中で席を立ってしまった。しばらく「俺なんかしたかな？」と状況を把握できないまま、レコード会社には謝らなきゃいけないし、このままじゃ記事にならないのでなんとかもう1回やってくれと懇願したわけだが、そのうち「通訳に腹が立った」

ということなのだと分かってきた。

あと、クリス・ペプラーさんに通訳仕事をお願いしたこともあり、活字だから反映されないのに、やたら美声で滑舌よく「オーマイ!」みたいなノリで喋っていて、「そんなに張り切らなくてもいいですから」って思わず吹き出してしまった。

どこの出版社でもそうだと思うけど、翻訳も非常に重要で、起こしとは翻訳者の作品だなあとつくづく思う。同じ翻訳でも日本語の書き起こし文章が上手いか下手かによって全然違う。英語のインタビュー・テープ起こしとか、翻訳業務を募集する時は、応募者の何を見るかというと、とにかく日本語の文章が書けるかどうか。実際「訳はぜんぶデタラメでもいいから、1から10まで自分の好きなように書け」と言ったことさえある。原文に忠実にやろうとして失敗した日本語ほど見苦しくて読みたくないものはないし、慎重に元の言葉を残そうとすればするほど日本語じゃなくなってヘンテコリンな文体のループになっていく。上手な翻訳者はそういうことはなくて、直訳では分からない表現などは思い切って言い換えてしまう。まあ、そういうのって『ロッキング・オン』だけが特別な話ではもちろんないよね。ただ、当時はなんのせいか、そこまでいじれなかったのだ。こういうのはつまり、英語が絶対的な言語であったか、そうでないかという狭間を示すエピソード群ですね。

社員にも等しく原稿が書けるように求め、ライターとして人気が出るようにという伝統と同じように、通訳にも翻訳にも独自のファンがついてくれたらなという編集指針があったことは間違いないけども、それはこうして英語コンプレックスが解消されていく過程でもあったってことです。

第6章 金持ちのロックとカート・コバーン

古臭いロックバンドとしての使命感を担ったガンズ

ガンズ・アンド・ローゼズで最もダメなメンバーは誰だったかというと、それは間違いなくスラッシュだろう。ありゃあ、とにかく古いだけのミュージシャンだ。

ガンズは、ロックンロール・バンドとしての使命感を意識的に担っていたから、「もしかしたら死んじゃうかもしれない」みたいなヒリヒリ感を出そうと意図的に自らを追い込んでいたところがある。六本木プリンスホテルの窓から、下にいる出待ち女たちに向かってケツ出して見せたりとかしていじる最後のバンドでもあった。それで女の子がキャーッて言ってしまうような、そういう文化を担った最後のバンドというか。あれ以降、そういう日本人の取り巻きを全然見ないもんね。

ちなみに、こっちで言うグルーピーと海外のグルーピーとはちょっと違って、向こうはプロっていうか、バンドと一緒にツアーしていたり、専用の互助機関みたいな感じで確立しているようだ。政治とかとも似てる気がするな。向こうだとロビィ活動みたいなのがしっかりしてるけど、こっちはそんなカジュアルなもんないから、その都度しかるべき筋を通してチン情ラッシュ。向こうは何かと言うとすぐパーティだから、「ああ、だったら綺麗どころ何人か放り込んどかなきゃ」みたいな仕切りのプロもいるしね。

グルーピーってことで言えば、オアシスのリアムもスゴかったけど、「2時間ごとにチェンジしなきゃ」って朝まで並ばせたりして、その順番を守ることにおいて妙に紳士だった(笑)。「いやーオレさ、昨日は朝まで大変だったんだ」とか言いながら、取材にはちゃんと遅れずにやってきて、そういう爽やかな(?)感じが好きだった。

ガンズのインタビューなんか何時間も待たされて、いつ来るのか誰が来るのかもさっぱり分からない。まさに彼らのライヴと同じで「待たせることに価値がある」っていう感覚。その間ひたすら緊張しながら、レコード会社の人が連れて来てくれるのを待ち続け、担当者が「あ、いま出てくるみたいです！」と言ってからまた1時間くらい余裕で来なかったり。それで、ようやく来たと思ったらアクセルいねえし。しかし、そうやって気分次第で周囲を振り回すのが当然のアティテュードは、ガンズの頃にはもうすでに半分パロディみたいになってたような気がする。

とはいえ、ガンズが初来日［1988年12月］してNHKホールでやった時、9曲だけやって帰っちゃったという事件があったんだけど、そのコンサートの冒頭でステージ中央にスポットライトが当たって5人の立ち姿が浮かんだ瞬間のことはよく覚えている。幕が開いたら、特にポーズつけるでも身構えるでもなくラフな感じで5人が立っていて、そこから各楽器の持ちポジションに散らばっていくんだけど、それがもうとんでもなく絵になっていて、超カッコよかった。「なんだ、このたたずまいは〜！」っていうね。ビジュアル的にも最高で、そこには嘘がない。俺様主義の極みでも納得させられるものがあった。「たとえ9曲でもこんなスリリングなステージやってくれるんだったら満足しました」という感じだった。だから彼らも、武道館とかで行儀よく時間通りにはじめてアンコールやってファンサービスして……みたいなものとは一線を画していたし、ほんとにエッジが立っているというか、常に死と隣り合わせみたいな危なさや、そのたたずまいだけで火花散るような迫力を持っていた。

そう確認したのは、ギターのイジー・ストラドリンが脱退して、さっぱりと毒が抜けたような顔でバイクに乗って故郷に帰って行く姿を見た時。イジー、死なないうちに真人間に戻れてよかったよって。

ガンズのデビュー・アルバム『アペタイト・フォー・ディストラクション』〔1987年8月〕は、どうしてもメタルにしか聴こえなくて苦労したが、そのあとに出た『GNRライズ』っていうEPは素晴らしくて、特にアコースティックな曲が嵌《はま》っていた。なんでいいかというと、イジーがいいんだよね。

それが『ユーズ・ユア・イリュージョン』〔1991年9月〕になると、セカンド・アルバム制作時のストーン・ローゼズと同じような誇大妄想にハマりきってしまい、やたら重いし、新しいドラマーが馬鹿でかい音で叩きまくってるしで、イジーとスティーヴン・アドラーの横ノリっていうか、そっちの良さが全然ない。重い、デカい、長い、結果痛いみたいな（笑）。風のように軽やかだったストーン・ローゼズのよさが『セカンド・カミング』では消えてしまったのと同じだ。ガンズ・アンド・ローゼズとストーン・ローゼズは、名前が対になっていることもあって、俺の中では重なって見えるところもある。

「根っからの人種差別主義者だし、どうしようもない人間だぞ」

ストーン・ローゼズにはじめて会った時、イアン・ブラウンに「これ、うちの本なんだけど」って『ロッキング・オン』本誌を渡したら、たまたまアクセル・ローズが表紙の号で、イアンはそれを見るなり「おまえ、こいつがどういうやつだか知ってて載せてんのか？　根っからの人種差別主義者だし、どうしようもない人間だぞ」と言う。「いや俺、人種差別があってもいいんだ。音楽は本音で構わんのだよ」と答えたのだが、そんなふうにタメ口を利けるインタビュー相手というのもストーン・ローゼズの連中がはじめてだった。

それにしてもマンチェスター出身の彼らが、すでに人種差別問題などに対してしっかりとした意識を持っている事実もまた、新しい世代であることを強く印象付ける。だから東洋人が取材にやってきたことにも素直に感謝するのだろう。これが俺と同い年のポール・ウェラーやモリッシーやマドンナとかになると、日本に対する親近感はあからさまに薄い。日本語を覚えようとしたりしないことも、その表れだと思う。デヴィッド・シルヴィアンがジャパンというバンド名をつけたり、フレディ・マーキュリーが日本語で歌ったり、あるいはデヴィッド・ボウイが京都好きみたいな話も、単なるエキセントリック趣味の延長のように感じられる。それがストーン・ローゼズくらいから、どんどん日本に対する自然な親しさを示してくれるようになってきて、最近の外タレなんか、日本に興味を持っているどころじゃなくて、対等の興奮を示してくる。

日本に対する親和性とロックの時代性

だからガンズ・アンド・ローゼズは面白い過渡的なポジションにいて、本質的には古いものの、なんだかアメリカらしい徒花《あだばな》だったというか、アクセル・ローズはいろんな意味でカート・コバーンと対照的だったとあらためて思う。ガンズもニルヴァーナもバカみたいに売れたけど、アクセルのほうはいにしえのロック神話をマジで体現しようとしていて、スーパースター構造に依存してるし、それを自分の力で勝ち取るぞ、といった田舎者の反逆メンタリティ。だって生まれがインディアナ州って、どこなんだよ（笑）。いわゆる中西部の人って、パスポート持ったことがない人間が97・58％超してるから間違いない。

一方のカートはワシントン州アバディーンなんていう、同じような田舎出身なのに、少年ナイフとか大好きで、すぐに受け入れてしまえる感性をそなえている。アクセルじゃ、少年ナイフなんて聴こうともしないだろう。だからカートは連中を嫌い、ガンズはそれに気づきもせず前座に起用しようとオファーした。これは方向性の違いじゃなくって、日本に対する親和性がどの程度かというのが、もはやバンドを判断する基準、ロックの時代性を示す世界的な標準になりつつあった一例。「日本人とどれだけ仲がいいかどうかが、ロックがどれだけ進んでいるか遅れているかの尺度なのだ！」って、これはさ、国粋主義じゃなくて「TPPどう思う？」ってな話と一緒だよね。

いまだにそうじゃない人たち、コールドプレイとかはすごく宣教師的な音楽を作ったりする。あんなことをよくも真面目に現代の世の中で歌えるもんだ。エルサレムのなにがどうしたこうしたとか、おかしくて笑ってしまう。それもU2みたいなマジ宣教師とは思えないから、もしかして「中世マニア」みたいな人のためにアルバム作ってるんじゃないか？　ただし、その旋律とユニゾンの構造はまだ通用するし、意外といいやつらっぽいんだけどね（笑）。

どうも空振りなんだよね、レニー・クラヴィッツも、俺も

ガンズで最もダメなのはスラッシュ、と言ってしまったけれど、ちょうどあの頃のアメリカに、金持ちのボンボンがやるロック、というのが台頭してきたような気がする。まずスラッシュ、次にレニー・クラヴィッツ、そしてベックだ。3人とも、開かれた意識を持つ裕福な家

庭で育ったようだ。［スラッシュの父はニール・ヤングやジョニ・ミッチェルのアルバム・ジャケットなどを手がけたイギリス人アーティストで、母はデヴィッド・ボウイのために仕事したこともあるファッションデザイナー。レニー・クラヴィッツの父はNBCテレビジョン・ニュースのプロデューサーで、母はテレビドラマの人気女優。ベックの父デヴィッド・キャンベルはご存じの通りグラミー賞を何度も受賞している編曲家で、母方の祖父アル・ハンセンは、ヨーコ・オノ、ジョン・ケージ、アンディ・ウォーホルらとも交流のあった芸術家］

　レニー・クラヴィッツも、真剣にインタビューをとって何度も『ロッキング・オン』の表紙にしたけれど、今から考えると扱い方を失敗したなあと思う。レニーは「ロックンロールは死んでしまった。昔のハーモニーはどこに行ってしまったんだ。俺はキリストの精神を復活させたい」とか、それなりの大言壮語を吐き、かつ〝アー・ユー・ゴナ・ゴー・マイ・ウェイ〟とか〝ホワット・ザ・ファック・アー・ウィー・セイイング〟とか、けっこう社会的な要素も盛り込んでみせるんだけど、どうも空振りなんだよね、レニー・クラヴィッツも、俺も（笑）。

　でも、その空振り具合が大衆性を担保してるようなところもあった。本当にロックのラジカルなところにまとめようとしても、そこからはハミ出てしまう。逆にそういう大衆性のおかげでいまだに〝アー・ユー・ゴナ・ゴー・マイ・ウェイ〟なんてちょくちょくCMとかテレビの挿入歌に使われたりもしてるわけで、長生きできている。レニーの音楽は、実は「90年代も半ばまできてるのに、今さらロックンロールなんてものでもあるまいに」みたいなところでも自然に融和できる。「これこそロックだ！」と言うと浮いてしまうような、逆に落ち着くハーモニーを持っていて、それが心地よい。そこには当人が実はレボリューションを夢見ていない、さほど切羽詰まってはないことがよく表れている。

レニーのデビュー・アルバムに入っている〝ミスター・キャブドライヴァー〟では、「なんで乗せてくれないんだ」とタクシーに乗車拒否された経験を歌っているが、その曲について「これは似非黒人の被害者意識を装っている。まさに擬態で、非常にタチが悪い」という原稿を書いてきたライターがいた。非常にいい文章だから投稿ページのトップに載せたらアンケートでも上位に入ったけど、でもまぁ、それはひとつの見方であって。あの曲を聞いて「運ちゃん、乗せてくれよお」って言ってるのは、人種差別の被害者として訴えているというよりは、単なる愚痴に近い感じで響く。決して「それがあったから俺は音楽をはじめたんだ！」とかいった悲壮な決意とは違っていて、そういう「軽いノリでできる」っていうレニーの資質が、そもそも当時のリスナーが本当は欲していた身軽さだったんじゃないかと思う。

パンク以降「金持ちはよくない」ってことに決まったんだよね

ベックに関しては、10歳の時に両親が離婚したこともあり、学校をドロップアウトした後、1989年には8ドルとギター1本だけ持ってニューヨーク行きのバスに乗るかなんかして、苦労もしていたらしい。友人の家に転がり込んでキッチンの床で寝たりする暮らしをしていて、しょうがないから〝ノー・マネー、ノー・ハニー〟なんて歌を書いてた。でも基本的に育ちはいいから、金が入って来れば『オデレイ！』みたいな（笑）。

俺が一番好きなベックのアルバムはやっぱり『メロウ・ゴールド』［1994年3月］で、あの頃はまだ《アート》をやる余裕がないせいか、「1から10までブッこんでやれ」という感じで才能が音からぼたぼた溢れているような作品になっている。

ベックを金持ちロックの代表例として入れるとファンの人たちは怒るかもしれないけど、やっぱり彼はニルヴァーナの流れというよりは、プリンスの嫡男だろう。万能音楽マン的な天才で、ロックというよりアートに奉仕する人というか。思春期にギャング団みたいな感じでバンドを組まずに、連帯感のないままひとりでやってきたところも面白い。

ちなみに、金持ちがやるようになったロックの極め付けがストロークスだろう。全員が大金持ちの家の生まれ。なんかワンオクみたい？ 森進一の息子で、慶応にいてジャニーズに入ったり辞めたりしながらバンドやるっていう。「金持ちんロック」という、新しいジャンル（笑）。この事実は、なんというか「ロックの2巡目・3巡目」みたいな形容句すら衰退したことの象徴だとも言えるが、実は、聴いてる側が同調しているから浮上してきたのだろう。

実際に80年代のアーティストがどれだけ金持ちか貧乏だったかは別にして、パンク以降「金持ちはよくない」ってことに決まったんだよね、国民投票で（笑）。ながらくそうだったところにスラッシュが出てきて、それが我々の感覚に妙なミスマッチと妙な心地よさを同時に与えた。そこがガンズ・アンド・ローゼズの持つ古さの不思議な心地よさだったりしたんじゃないかな。「古くて正解！」みたいな感覚。だからガンズも、インディアナの鶏小屋から出てきたような人たちばっかりで、まるっきりトンガっていたらダメだったんじゃないか。スラッシュがいなければショウビズの世界の橋も渡れないような。彼はもちろん、バンドに貢献してる部分はあったわけだ。

ポジとネガがとことん同居しているニルヴァーナ

そんな中で、カート・コバーンという人はもう、奇跡のようなところがあった。カートのことは難解で解説しにくいが、彼もいきなり『イン・ユーテロ』［1993年9月］を作ったわけじゃない。

もちろん『ネヴァーマインド』［1991年9月］もいいアルバムだけど、なんというか一言で言えばあれ、「ポップ」だよね。

そのあたりを嶽本野《たけもとの》ばら氏が『タイマ』という本で実に的確に書いている。彼は『ネヴァーマインド』は全然好きじゃなかったんだって。まずサウンドが田舎くさい、それに比べてホールの『リヴ・スルー・ジス』のほうがジャケットからして洗練されていると。彼はクリスチーナ・アギレラとかデイジー・チェインソーのような、ああいうちょっとぶっとんでる女子が好きで、それに比べるとニルヴァーナはポップでハード・ロックだから、パンクなのかどうか、なかなか分かりにくかったという。ところが嶽本さんは『イン・ユーテロ』を聴いて、超・目覚めてしまったのだそうだ。『タイマ』にはこう書いてある。

君はこのステージでの一番最後の曲は、僕がNIRVANAの中で最も好きな〝All Apologies〟を使うと予告していました。「what else should I be All apologies」——こんな人間じゃなくどんな人間になればいいのか。悪かったね……。で始まるこの曲の歌詞は、カートの持つ絶望と希望を見事に集約した最高傑作であるというのが僕の持論でした。

あらためて嶽本氏が訳し直した歌詞には、ものすごくピンとくる。ほんとに葬式で使われるんじゃないかと思うようなサビは、普通に訳すと「すべての中のすべては私たちすべて」っていう、よく分からない文章だけど、これを彼は「俺達は皆、何物にも勝るかけがえのない存在」と訳した。

彼がもうひとつ柱と考えている曲が〝レイプ・ミー〟で、「レイプ・ミー、ヘイト・ミー、ウェイスト・ミー」と韻を踏んだ歌詞の自虐の極み。これはMTVで歌おうとして局側と揉めまくり、最終的には折れたものの、生放送だからイントロでちょっとだけ歌ってみせたという話もスゴい。

ニルヴァーナはライヴも、やっぱりわけが分からないというか、要するにケイオスだった。『イン・ユーテロ』は、そんなケイオスをそのままレコーディングしたようなアルバムだけど、それと同じでステージも、ハード・ロックだけどノイズが凄まじいし、リズム隊はしっかりしてるけどドラムキットに突っ込んで流血したりしてるし、最初から最後まで激流ではあっても、みんなが予定調和的に盛り上がるようなところはほとんどない。曲はポップだけど、拒絶されてもいるし、一体なんなのこれ、っていう。そういう、ひとつのアングルに定まらない特徴があった気がする。

どんなアーティストであれ、どんな名作であれ、だいたい希望か絶望かどっちかを向いているもので、例えばストーン・ローゼズのファーストなんて眩い光に包まれているような作品だ。ところが『イン・ユーテロ』は、歌詞を見ても「結婚する」の後に「埋葬する」が来たり、ポジとネガがとことん同居していて、そのまんまそれを音楽にしちゃっている。こういうものは、あんまり我々は聴いたことがない。あえて似てるといえば、ジョン・ライドンくらいじゃないか。でもまあ、やっぱりジョン・ライドンは新たな生産へと収斂《しゅうれん》されるものでしょう。ニルヴァーナの、あのどっちにも極端に振れる繊細なバランスは奇跡的で、奇妙だと思う。

一方で〝セントレス・アプレンティス〟のドラムスの凄まじさとか、「3人でこれやってるって一体どういうことなんだ?」っていうような超絶感があるかと思えば、ライヴ盤『フロム・ザ・マディ・バンクス・オブ・ザ・ウィッシュカー』〔1996年10月〕の〝イントロ〟の絶叫とかは意味分かんないっていうか、簡単に絶望とか希望とかいう話ではなく、テーマやテクニック以上の表現になっている。そこにはカート・コバーンという人の繊細さとリリカルさ、大胆さ、豊富なイマジネーションがあるんだろう。実はいまだに誰も分からんものだから、いまもって神話が収まらないのであって、彼の死だけを見つめたところで何もはじまらない。

〝オール・アポロジーズ〟は、『タイマ』を読んで以来、聴いていると光の中で誰かが埋葬されてる絵しか浮かんでこなくなってしまった。物騒で悲しくて幸福なさ。

ただ一人でポツンと血を流しているカート・コバーン

1992年2月にニルヴァーナがただ一度の来日ツアーを行なった際、川崎クラブチッタでの公演でカートは最後にドラムキットの中へダイヴして血だらけになった。終演後に楽屋を訪ね、「大丈夫?」と訊いたら、「大丈夫じゃない」と返事がきた。最初はおかしくて笑ってしまったけれど、もうなんと言えばいいのか、その時の彼には、もはや肉体じゃなくて心が傷ついているという印象を受けた。

なにしろ誰もケアしてなくて、ただ一人でポツンと血を流している。別に放っとかれてる感じでも、「今は触らんでおこう」と気を遣われている感じでもない。「ピリピリしてるからおっかなくって……」なんて様子ならば俺も声をかけられなかったし、決してそういう雰囲気ではなかった。

ただただ一人で、傷ついている――どうにも変な言い方になってしまうけど、そうなのだとしか言いようがない。

ベックのバック・ステージに行った時もそう思った。彼女とふたりで抱き合って毛布にくるまってる時もあったが、彼もまた「一人でいる」っていう感じがカートと共通していた気がする。つまり、他の人たちは大体とりまきみたいな連中がいてろくでもなく盛り上がってるわけ。マンチェスターのバンドとかも、そういう傾向が強かった。ローゼズのメンバーに関しては、そんな場面でもさばけた感じでスルスルすみやかに移動してたものの、基本的にはやっぱ田舎もんが日本まで来てテンション上がってしまったような、クルーも含めてのアッパーな感じ。

一方でカートとかベックは、なんかもう、しょんぼりと一人でいた。みんなでビール飲みながらガハハって話してたり、ケータリングがダーッと並べられたところで打ち上げしてるようなところもあるのに、なんかそういう場にはそぐわないというか。なにもかもガンズ・アンド・ローゼズの反対だったと言っていい。メンバーが楽屋に入れちゃった、派手な服を着た綺麗どころがあたりを徘徊してるようなことなんか勿論なかった。ハイな人たちと違って、新世代のヒネクレものみたいなことなのか、都会に出てきたからといって急に喜んだりしねえよというか、異文化に身をおいても、そこで自分を見失ったりしない。

「実際にそんなことをしてたら死んでしまうだろ」

カート・コバーンの死に際して、なにがしかの深い悲しみがあったかというと、ほとんどなかった。ある程度は予見していたとかいうわけでもないが、「ああ、やっぱりこの人は死んでしまったな」という印象で、なんというか「がんばって生きてほしかった！」みたいな気持ちはしなかったね。この人について、あまりに神格化しすぎるのもなんだかなあという気もする。ニルヴァーナは素晴らしいアルバムを2枚出したけど、ストーン・ローゼズも素晴らしいアルバムを2枚出しているし。

ただね、「ストーン・ローゼズって誰が音楽を作ってたのかと言ったら、みんなが作らせてた、結局のところ彼らは容れ物だったんだ」みたいな考え方が重要であるのと同様に、ニルヴァーナに対してもそういう観点が必要だと思う。思うんだけど、そう簡単にはいかないいんだな。

ロックが華美になり派手になり巨大なビジネスになっていく中で、もっと個人レベルのものにとどめておきたいとか、自分だけが楽しむ趣味性の高いもの……まあ、ニルヴァーナを趣味性の高いものと言っていいかはさておき、そういう領域にある音楽として、インディーとかDIY精神とか、メインストリームの産業構造とは違うものがちょうどアメリカ音楽社会でスポットライトを浴びたところで、片田舎から出てきた3人組が引っかかり、それまで出番のなかったオタクの人たちが押し寄せて新しい代弁者を発見した。そこにある時偶然ハマった

――そういうところがあるわけで、確かに新たな潮流を引き寄せたのは事実だろう。でもそれを個人の資質に帰着させたら本当に見るべきところが見えてこないし、あの人はスゴいスゴいとだけ言ってたら、そこで終わっちゃうわけだしね。

そういう気持ちが当時からぼんやりとあったたし、それこそソニック・ユース、ダイナソーJr.、R.E.M.など「場末でもいいから自分たちのソサエティの真実を歌う」みたいな音楽はずっとあったわけで、そこからの大ブレイカーがニルヴァーナだったわけだけども、「自分自身が己のヒーローたれ、それであれば他者に祭り上げられる必要はない」という正論は、いつでもどの時代でも誰かが言ってたものだった。それが、この90年代頭には露わになり、でもじゃあ、どうしたらいいんだってことになると、いまだ分からないし、当時ですらなかなか誰も気づくことはできず、後になってだからこそシンボルになってしまう。

ここでいう「ヒーロー」は、デヴィッド・ボウイが「ヒーローズ」、甲斐バンドが「HERO」、安室が「Hero」と歌うのとは意味が全然違う。みんな「普通人である僕らもヒーロー

になれる」みたいな歌だけど、「そんなこと言われても、有名人のあんたがヒーローでしょ」って構造は頑として崩れないわけで。

一方でカート・コバーンが「俺は、サインを求めてくる人にいちいち、それは違うと説明してるんだ」などと言うのは、その真っ当な態度に「実際にそんなことをしてたら死んでしまうだろ、おまえ馬鹿だな」とも思いつつ、本当にやりかねないような気持ちが伝わってくる。彼の「同じ土俵にいます」という宣言として捉えれば、その流れは、ジョン・スクワイア言うところの「90年代はオーディエンスの時代なんだ」っていうものと完全に符合する話だ。

奇跡的に普段着のままで作品を高めることができた

さらに、カートが面白いのはそのルックスだよ。髪を洗うのが大嫌いなもんだからあの金髪がべっとりへばりついてる。洗って髭剃ってすっきりしたらさぞや美しいブロンド美青年だろうに、清潔ばっかりの、今で言うイケメンには死んでもならんし、なりたくもなんともないという態度があの髪の毛に凝縮されていた。平気でパジャマで取材に登場したのも、それまでのショービズルールを破って見せるような気構えのメッセンジャーとかいうことよりも、なぜか不潔な感じがしなかったことのほうが印象に残る。

彼の写真で好きなものに、コートニーに引っ張られて、まるっきり子どもみたいにおどおどしながら手を引かれていく様が写ってるものがある。あの衆目での怯え方の奇妙なリアリティー。本当はいい男なのにそれを売りに出せず、それどころか一向に気付いてもないし、なんだかさっぱり分かってなくて、ただビビってる。セレブとは永遠に不慣れで場違いな気配が全開。

ロック・スターの特典とか有名人の恩恵ってあるでしょ。モデルと付き合って、高級レストランに突然行っても「ワオ、特別席にどうぞ!」みたいなさ。そういうのにポリシーじゃなくって体質的に馴染まなかった。アクセルのように人生の目標上にそんなこと狙ってもいないからただ戸惑うだけ。アクセルを貶《おとし》めるために言うわけではないよ。普通、そこは自然と反逆ロックのもう一方の達成感、成果とするし、馴染むものだってこと。エッチに関してもカートはとっても淡白な気配があるよね。いい寄られるまんまというか(笑)。

ややこしかったのは、そこんとこの有名人崇拝に一線を置いていたにもかかわらず、その音楽がポップだったことに尽きる。〝アバウト・ア・ガール〟なんて初期の曲でも既にポップセンスは全開だったし、『イン・ユーテロ』もそういう商業主義的な目線と無縁ではまったくない。それが素晴らしいところなんだけど、注目すべきはローゼズのセカンドとか、ガンズのセカンドの誇大妄想に引き込まれたような節が見当たらないってことなんだ。つまり、自意識の抜本変更がなされないまま作品を作れたってこと。

しかも彼はコマーシャリズムの意識と無縁ではなかった。その本質的な音楽性においては大いにコマーシャリズムや大衆性に賛歌を送っていた。よく言われるようなさ、適度なお金を儲けていれば満足というインディー根性とは一線を画していたわけ。山の中でひとり趣味に没頭していたかったんなら『イン・ユーテロ』なんてありえない。

普段着のままで作品を高めていくことができたんだよ、ロックで奇跡的に。凄い作品を作った俺はやはり凄いのだっていうループに嵌らずに。あのまま続けていたら一体どれほど身近でかつ神々しいものを作ったか？　それを聴けなかったことが最大の不幸だよ。もう一年生きていたらあれは防げたんじゃないかとも思う。

ベストセラーとなった『病んだ魂』

これは余談だけど、ニルヴァーナの公認バイオ本『病んだ魂』は10万部を突破し、俺の知る限りロッキング・オンが出した単行本の中でも最大級のベストセラーとなって、その後も相当な重版を続けているはずだ。

この本は、売り込みがあって作ったのだが、話を持って来たのが強烈に変わった人だった。「著者のマイケル・アゼラッドと直交渉して日本での翻訳権を契約書にまとめてきた」という、わけの分からない一人代理店をやってるオッサンで、その人がもう、「キミ、買う気あんのないの？」みたいな、最初からメチャクチャな口のききかたで、いきなりケンカ売ってんのかっていう登場の仕方。周りは「なんで付き合うんだ？」って訝《いぶか》しがっていたかもしれない。思わず「それがビジネスのやり方ですか？　普通に人と会話できます？」って訊いちゃったくらいのやりとりだった。他の出版社だったら怒り狂ってしまって、契約なんかしないと思う。彼がコンテンツにそうした絶対の理解と自信があったとは思えないから、一層奇妙だったし、第一、こっちもカートの本がそんなに売れるとも思っていなかった。それなのに俺がなんで話を進められたかって言うと、つまり、いきなり現れる変な人に慣れていたわけ（笑）。突如やってきた、ジョンレノン教の人々とかね。どんな不条理な経験でも、偶然成功に結びつくこともあるっていう。

　本の帯を吉本ばななさんにお願いしたんだけど、あんなくそ長い本の帯に誠実に向き合ってくれたことに感謝してるし、それに10万円しか払わなかったのをマジで申し訳なく思います。

『病んだ魂 ニルヴァーナ・ヒストリー』（マイケル・アゼラッド［著］、竹林正子［訳］、1994年9月刊）

第7章 鉄板ネタを駆使する人たち

Blur Oasis The Stone Roses The Smiths Suede Elastica The Charlatans The Beatles Nirvana Beastie Boys Culture Club Wham! Beck Guns N' Roses Lenny Kravitz David Bowie Manic Street Preachers Paul Weller Aerosmith The Three Degrees The Rolling Stones Duran Duran John Lennon David Sylvian Bruce Springsteen The Stranglers Japan David Lee Roth Eurythmics Pink Floyd New Order Dinosaur Jr. Inspiral Carpets Pale Saints Ride Public Enemy The Byrds Taylor Swift Pet Shop Boys The The U2 Cheap Trick Faith No More Vanessa Paradis Kylie Minogue Transvision Vamp Bros Bay City Rollers Thom Yorke Rapeman Led Zeppelin Primal Scream Sheila E. Madonna Queen Coldplay Prince The Strokes Sonic Youth R.E.M. The Clash The Libertines The Style Council The Jam Happy Mondays Sting Sex Pistols Menswear Sugar Kula Shaker Weezer Veruca Salt Simon & Garfunkel Badfinger Blind Melon Kiss

俺と同い年の人たちは応援しないとダメだろ

91年の12月号はポール・ウェラーの2万字インタビューでの復活宣言を表紙にした。彼がどん底で誰も注目していないときに。

レッド・ツェッペリン、ボウイ、ストーンズといった70年前後からのスターとか、パンクのジョン・ライドンとかデヴィッド・シルヴィアンとか、そういった『ロッキング・オン』ならではの表紙持ち回りはある種普遍なんだけど、そこから先の80年代は、読者がシンパシーを抱ける表紙人材が実は欠落していた。それもそのはずで編集部がそもそも80年代への同調を示せていなかった。渋谷はロックに距離ができたし、俺は自信がないから没入した様を誌面に出せない。

それに、もしも80年代がマドンナやプリンスやスミスや、あとはそう、スタジアムのロックだったとしても、そういったものを繋いでいくコンテンツがロック界にはなかった。でも、だからって一気に10年すっ飛ばしてマッドチェスターとか言ったら、それは本としてのバランスや一貫性を欠くよね。80年代はこのようにそもそも分かりにくい性質がある。ビッグビジネスとして開き直って良いってな観念が支配的で、本物に飢えている時代じゃなかった。

ただ、90年に近くなるにつれ、ポール、モリッシー、マドンナと俺は完全に同世代なわけだから同い年は応援しないとダメだろ、って気分を立ち上げることが個人的にかもしれないけど、だんだんとできてきたんだね。

となるとポールの写真もやっぱりペニー・スミスにお願いした。ペニーはカラーが本質ではないけど、表紙ということでなんとか納得してくれた。

ご存じの通りペニー・スミスは、史上最高のロック・アルバム・ジャケットに認定されているクラッシュ『ロンドン・コーリング』で使われた、ベース・ギターを叩きつけるポール・シムノンの写真を撮った名フォトグラファー。70年代にレッド・ツェッペリンの、あらかじめ伝説を予言していたかのようなツアー写真を撮ったことで注目を集め、『NME』の専属カメラマンとして活躍したんだが、80年代も半ばを過ぎた頃には仕事を極端に絞り、ロックからも離れてほとんど写真を撮っていなかった。

ストーン・ローゼズのフォトセッションをなんとか彼女にやってもらいたいと考えた俺は、「頼むから復帰してほしい」と粘り強く交渉したことをよく覚えている。「ローゼズってバンドの自然体はあなたにしか撮れないんだ！」とかしたためて。そうしたらペニーは徐々にやる気になってきてくれて、当時のローゼズのなんともたおやかな魅力を見事にフィルムにとらえてくれた。

この仕事をきっかけに再び仕事の注文が殺到し、彼女はまた一線でバリバリと活躍する売れっ子になっていった。今ではローゼズと言えばペニーの公式写真が当然だし、ブラーもまたしかり。

ペニー・スミスの撮影に立ち会って驚かされたのは、とにかく被写体に一切なんにも指示を出さないこと。ポール・ウェラーを彼女のスタジオまで連れていった時も、「表紙用の写真だ」と伝えているし、普通ならアーティストと会話を交わして、握手したり機嫌をとったりしながら様子をみるものなのに、ただ突然いきなり撮りはじめ、ポールの方も全然それに戸惑いがない。後年ペニーにインタビューして、かなりじっくりと話を聞いたら、「とにかく自分はその場にいる人間だと思われたくない。無生物だと思われたい」のだそうだ。「被写体と関係性を作るカメラマンもいるけど、私はそういうのは好きじゃないし、違う。なるべくアーティストが自然に動くのを透明人間のように目撃するのが私のやり方。ライヴ撮影でもそうだし、自分の写真にいいところがあるとすればそこなんだ」と言う。

彼女の作品の中に、ジョー・ストラマーが屋上でタイプライターをうってる、チェゲバラも当時ならかくありなんといった超カッコいい写真があるが、これも「よくセッティングしましたね～」っていうのでもなんでもなくて、ジョーが「タイプ叩いてる写真を撮ってくれ」と言いだして、いきなりタイプライターを屋上まで持って行って叩き出したのを、ただ撮ったものだという。

この時のポール・ウェラーの撮影でも、唾を飲み込みながら必死で第一線にこらえようとするポールの佇まいをよく捉えている。

彼女の写真の凄いところはさ、それを見た人間が、なんでもかんでも知的に錯誤してしまうところ。

例えばね、リバティーンズのピートがただひとりで冬の街中に立っている。そんだけの写真。それが写真の息遣いで、彼の内面を想起させずにおかないわけ。「うんうん、可愛い」とかさ、「やっぱつらいんだ」とかさ、いろいろ想像してしまうってこと。そういう余白を生かすのが実に上手い。いやあ、作為がないってのは最も怖いことだわ。実は無意識の批評の上でそうやっているわけだから、なお怖い。

『NME』1981年1月3日号

ポール・ウェラー復活の2万字インタビュー

ポール・ウェラーは、マッドチェスター・ムーヴメントの頃には方向性を見失い、89年にスタイル・カウンシルを解散して、もうやることないから音楽やめようって話になるくらいの状態だった。おそらくは、ジャムで嫌でも政治的な覚醒を要求された反動で、スタカンでは好きな音楽にハマりすぎちゃって緩んだってことなんだろう。人間なら誰しもそういう時期ってあるものだと思う。そして彼は1年半くらい悩んだ挙句、再出発すると決めて、マンチェスターからツアーをはじめた。

ちょうど当時契約のスタッフだった川崎和哉《かわさきかずや》にハッピー・マンデーズの取材でマンチェスターに飛んでもらうところだったので、ポールのライヴも見に行かせたら、もう客はいねぇし、ときどきジャムの代名詞「リッケンバッカー！」とかいう声があがってるような有様で、まさに冬の時代。当時の話を後にポール自身にも聞いたら、もうホント毎日おきるのがツラくてツラくて……でも必死こいて少ない観客の前でライヴを続けたんだそうだ。

だって、新曲も〝イントゥ・トゥモロウ〟っていうただ一曲しかないんだよ。その一曲にしたってさ、「明日から禁煙します」みたいな只の宣言で、音楽的な方向性を新たに示唆したものでもなんでもない。火中の栗を拾うじゃないけど、そんな状態で「おっさんは引っ込んでろ！」とでも言われかねない現場に身を投じた。それでもツアーをはじめちゃってるというのが、本当にエラいと思う。本質的には楽天的で、ファンというのがどうやってできるか知ってる人なんだよね。つまり、たとえ客はいなくても、行動を起こせば自分の身体に何か生体反応が起きるはずだっていう、人体実験みたいなところから曲を書こうとしていたんだろう。そんな彼のことを放っておけるわけがない。応援したいもなにも、このタイミングを逃す手は絶対ないと。スター性も才能もある人だし、なにより時代を作れる人だから再復活する気配も十分。

そうして、レコード会社とまず日本からアルバムを出す話を進め、最終的には本国でもリリースされたソロ・デビュー作は全英8位を記録、ポールのキャリアには「モッドファーザー」なる新たな火がついていく。

「ポール・ウェラー復活！」という表紙と記事はこうした流れで生まれた。２万字のインタビューは、なんといってもレコード会社もないんだから、ポールの事務所でやった。彼にとってはまだ半分もアルバムができていない状態での、復帰を念頭においた、いわば決意の取材。ポールはビシッとスーツできめて現場に現れ、なんかもうゴクゴク水を飲みながら、「ちょっと待ってくれ、ここは慎重に喋る」とか「ここまででスタイル・カウンシルについては終わったね、じゃあ少し休ませてもらってもいいかい？」とか言いながら、長丁場にわたって真剣に話をした。あれほどきちんとつきあってくれたのは後にも先にも1度限りのことで、きっと当人も必死だったのだと思う。

91年12月号

ただ、以降の彼に対しては、みんながジャム時代の残像を追い求める風潮が強まっていく。実際ジャムなんて当時実売４千枚がいいところで、英国でもたいしたことはなかった。ところがスタカンは10万突破。今でも〝シャウト・トゥ・ザ・トップ〟とか〝マイ・エヴァー・チェンジング・ムーズ〟とかＴＶでもカフェでもよく耳にするよね。圧倒的な差がある。それを本人内心「本当はスタカンが重要だったのに」と思いつつ、この時すでにして拒絶せずに適切な距離を取って対応しているあたりに、リハビリ終了のサインが見て取れてもいた。

ポールはローゼズをどう思うか聞かれて、「好きなバンド、特に〝ウォーターフォール〟がいい」。マッドチェスターについては？「ああ、若い人たちの出番が来たんだなと思った」と言った。人間なら誰もが泣くよね、この言葉の謙虚さに。

「地味でいいのよ、ロックは」

今、ポールの作品を聴いて思うのは、最新作もそうだけど、どうも俺は彼の音楽には好きではないところがある。立派すぎる。声にエロスを全然感じないし、大体からして作品にエッチな話が一個もないよ。『ザ・ギフト』［1982年3月］と『ディグ・ザ・ニュー・ブリード』［1982年12月］、スタカンの最初の12インチシングル「ロング・ホット・サマー」はもう断然素晴らしい。ただ、あれはポールの魅力ではなくて時代とリンクした魅力。だから彼の音楽の面白さってのは、黒人音楽への武骨な偏愛とでもいうべき、英国的な硬質性にあるんだろうし、そこにキャラがどっかーんと立ってしまうのは分かるけども。

例えばさ、93年発表の〝ムーン・オン・ユア・パジャマズ〟ってなんなの？「一戦交えた後の乱れ果てた全裸の向こうにふと深夜に起きて見れば、脱ぎ捨てた下着の散乱があ！」なんてのと2万キロくらい逆だよ。息子のただの寝姿なんだから。そんなこと、ポップの話題にしていいのか。

　で、ペニー・スミスのスタジオで撮影を終えて帰る時に、自分の車で来ていたポールは、タクシーを呼ぼうとする俺に「いっしょに乗っていくかい？」と声をかけてきてから、すぐ「あぁ、でも乗らねえよなあ、編集長だもんなあ」みたいなことを口走った。英語でボソッと言われたので、こちらもよく分からなくて「なんで拗《す》ねてんのかな？」という感じだったのだが、通訳を担当した山下えりかに後で確認してみたら、どうも「俺ごときの車になんか乗ってくれないよな」というような意味だったらしい。つまりこれは、当時のポジションとしては、私のほうが彼よりも上だったという話ではもちろんなく（笑）、それくらいポールが弱気になっていて、うらさびれた気持ちを抱いていたんだろうね。

　ポールとペニー、このふたりに共通することはなにかといったら、まずさ、ふたりともとっつきにくいのよ（笑）。ややこしくはないんだけど、気難しいのは確か。ペニーを出張のたびに食事に誘うんだけど、「プレッティ・オーフル！」とか言って相手にしてくれない。そういう人の何かを昇華した写真、あるいはエロを書こうとしても、絶対できない、そういう人のクリーンで正直な姿が俺は好きだったんだな。

　ロック史的に言えば、ある種のダーティさこそがロックだというありもせん悪癖をいつの間にか打ち破ったふたりだと思う。セックスとドラッグとお金とのね。そういう派手なもんでなくて、「地味でいいのよ、ロックは」って言ってくれた人たち。俺がひるまないで済む人たちだね（笑）。

　ポールは一回『NME』のカメラマンの発案で裸でジャングルを彷徨《さまよ》うっていう写真企画にのってしまったことがある。しかも拳銃まで持たされて。その時の様《さま》になってない姿ったらなかった。ありえないほど浮いていたよ（笑）。与えられた演出と空気には死んでも馴染まないし、馴染めない。そこが信用できるところだったりするんだよね。

デヴィッド・ボウイに認知してもらえた

　1993年にロサンゼルスでデヴィッド・ボウイにインタビューをして、記事は5月号に掲載された。当時の新作『ブラック・タイ・ホワイト・ノイズ』についての取材で、日本の媒体の持ち時間は『週刊プレイボーイ』の記者と30分ずつ。

　この時のインタビューは、自分がやってきた仕事の中でもかなり満足しているもののひとつ。いちばん最初に買ったロックのアルバムは『ジギー・スターダスト』だし、全曲の歌詞をそらで歌えるくらい大好きで聴きまくっていた人間なので、そんなやつがボウイに「きみ、また来てくれたのか」としっかり認知してもらえたというのも嬉しかったし、終了後に彼はインタビューの内容自体を褒めてもくれた。

　あの人は、誰も傷つけずにあらゆる人体実験をやってみせた人で、月並みだけど知的で温和で、取材でもまずきっちり聞いてから、約束のようにおどけて見せ、それから長い本論に入る。少なくとも俺の時代にはボウイは嫌な奴の要素が皆無だった。

『ブラック・タイ～』のアルバムは、まあまあ良い出来なんだけど、これまで変身を繰り返してきたボウイが、よくまあこんな「人間宣言」みたいなことをしたなあという内容で、彼がバリ島で結婚式をあげたことをそのまま曲の題材にしちゃってる、初のプライベートな作品。それまでは、自分自身に関心がないんじゃないかって思えるくらい「己とは何かが入る器であり、実体はない」とするボウイが、はじめて地に足をつけて、だからこそ非常につまらないアルバムとも言えるんだけど、真剣に自分と向き合ったという意味では勇気とか厳《おごそ》かさが感じられるし、そんな自分を発見した喜びまで伝わってきて、その一方で、彼はずっと何かを発見し続けないと自分でいられない病気なんだなとも思えた。

93年5月号

〝ジャンプ・ゼイ・セイ〟は精神の病で亡くなったお兄さんを題材にしていて、「面白がってくれる人のために奉仕して、自分の人生をダメにする必要はないんだ」という趣旨。つまり、いつまでもこんなことやってるともう身体が保ちまへんっていう、ポップ・スターであった自分との決別。逆に言うと、そんなこと続けなくても、もう十分に有名なんだから、つまんねえ作品を出そうが、武道館公演は埋まるという話でもあるけども、そう言ってしまってはこの作品の持つ開放感と表裏一体のやるせなさとか切なさが見えなくなる。こうしたボウイのターニング・ポイントともかちあったので、この取材と記事は自分にとって、ひとつの達成というか、長年の憧れの存在とある意味で対等に仕事ができたという充実感を得られたものになった。

あと、この話には別のオチがあって……実はこの頃、興味本位プラス、実際に仕事が大変だったかなんかで、心療内科に行ったのね。具体的になんで行ったのか動機はよく覚えてなくて、あんまりたいしたことじゃなかったと思うんだけど。学生の頃からフロイトに興味があったから、そういうところに行ってみたいっていう気持ちもあり、カウンセリングってどういうふうにするのか1度のぞいてみたいと思って、1回5000円もする診察を、面白がって受けてみたわけ。

そしたらロールシャッハ・テストからはじまって「古典的だなあ、そんなのからやるんだ」とか思いつつ、特にハッキリした悩みもないまま、若い女医さんにいろいろ喋っていく。だけど、なにかアドバイスしてくれたりとか、それはこういうことだと思うって教えてくれるわけでもなく、こっちが自分のことを一方的に喋るだけで終わり。まあ聞くだけでも大変だとは思うが、こっちは何の快感も面白みもないし、すっきりしたとかまったく思えない。もちろんそれが精神科医の役目であって、下手に患者に依存されるようなアドバイスは論外だし、逆にずっとただ聞かなきゃならない立場ってのもさぞかしストレスのかかる仕事だろう。

だから5回目を終えた時「この後どうします？」って言われて、「もう十分なんで結構です。興味本位でやったんだけど、5週にもわたってありがとうございました」と告げて立ち去ろうとした。そしたら、そこでいきなりその先生が「増井さん、今回のボウイの原稿ほんとに良かったです」だと(笑)。なにもかも知ってて聞いてやがったっていう。超ビックリして「あんたねー、そりゃあ医者として違反ですよ～！　それだったら先生の秘密のところを俺にも全部開陳してくれないと帳尻が合わないっすよ！　ぱっくり見せてくださいよ、ええ？」と言いたくてどうしょうもなかった。

ボウイ最終作は、いい出来だったな。最後まで自分のスタイルを持たなかったことの覚悟の重さとでもいうべき気高さがあった。でも、ボウイの評価は意外と低いと追悼の記事を見て思った。「子どもだましとまでは言わないが」などとまで書く新聞もあった。ボウイは音楽でポップ・アートをやったただひとりの人間だと思う。意味の転倒とか価値の変換ね。そういう時代性に殉死した人だった。ロックによく見られる自己実現の動機がなくて、だから同時に固有のスタイルも当然放棄された。それでなんだか怪しげな人という印象があるんだろう。ビートルズのようにエヴァーグリーンでもなければ、ストーンズのような定番フォエバヤング商品にもなり得なかったから、代名詞がないんだな。でもさ、「そもそも自分なんてものはない」って最初にロック界で言ってくれた人のことを忘れちゃいかんでしょ。そこを壊してくれたから

「俺はどっから来たんだ?」なんていう文学的愚問から、音楽で人を解放して、「俺は何にでもなれる」ってアドバイスしてくれたんだし。

エアロスミスとのガチバトル

その他にも自分の中で充実していたと思えるインタビューはあるよ。フレディとかスティングも良かったけど、インタラクティブな気配は薄いし、ご拝聴の時代。こっちも面白かった筆頭はエアロスミスだった。いい感じの記事が2、3本はとれている。

これはひとえにスティーヴン・タイラーの話術というか、取材にかける執念と生真面目さによるところが大きい。とにかくおかしくて、あと5分とかになってくると締めにかかるんだけど、最後の質問ですと伝えると、「俺の婆さんは言ったもんさ~」みたいな話をはじめて、「落ち込んでいる時もそれなりに意味があるもんさ。人生つらいことばかりじゃない」みたいな浪花節人生まとめが出てくる。そして時間ぴったりで終わらせる。しかもジョー・ペリーも一緒にやると渋松対談みたいになって「おまえそれはないだろ」とかボケツッコミまでもが散りばめられつつ。

「45分しかないんで、撮影もその時間内で済ませるしかないですから」とか言って、こちらがハイテンションでやってると、向こうも必死になって話してくれて、終わった時は肩で息してるほど、いやマジで（笑）。終わると同時に、もう一言も口聞かなくなっちゃうくらいインタビューに熱心で定型パターンを死守していた。話してくれるかどうかは相手によると思うんだけど、必ず「あの時は注射器が刺さったまんま病院まで運ばれて、お前よく助かったなぁ」みたいな鉄板ネタが用意されてるっていう。こっちもだんだん慣れてくるとタイミングを見て「そろそろ鉄板ネタ、お願いします」って感じで妙に神妙な間をこしらえてそれとなくふったりしてね。都合3箇所くらい鉄板が入っているみたいな記事になる。あれは気持ちのいい仕事だった。「あー今日は働いた」ってな気分になった。

ほかにも開口一番怒られたジョン・ライドンとか、日本一と言われてしかるべきインタヴューがあるんだけど、さっさと言っておけば、俺の力ではない。徐々にできていった『ロッキング・オン』の取材環境力学と通訳のスティーヴがいてくれた現場のモードと、きっちり解釈できる翻訳者の充実があった。

94年7月号

実は自分のインタヴューとしてパフォーマンスできたなって言えるのは、それ以降のブラーとかローゼズなんだよ。ただ、質問を10問から14問くらい2時間ほどかけてきっちり書き起こして臨むという姿勢はできあがっていた。そうしてシミュレートしておくやり方は今でこそ当たり前かもしれないが、音楽雑誌になんかジャーナリズムの基本もなかったんだからね。

第8章
『ロッキング・オン』がいちばん売れていた時代

96年には10万部超え、粗利2億円

ではここで、90年代の『ロッキング・オン』がいかに好調だったか、実際どれくらい儲かっていたかということを、具体的な数字を出しながら説明していこう。

1996年1月号［表紙：ビートルズ］の印刷部数は、102，100部。10万部を超えて印刷し、返本率は19・4％。これは今の雑誌業界からするとありえないような、羨ましくて身もだえしてしまう数字だろう。20％を切るなんて、「適正配本ができた」なんていうレベルを超えていて、絶対買っておかねばならないという類の大ヒットナンバーでもない限り今ではそうそうあることじゃない。

「返本率」なんて聞かされても、どういうものかよく分からんという人もいるかもしれないが、20％を切るということは、店頭に10冊入って1冊か2冊しか残らないし、5冊しか入荷してない本屋さんだと完売している可能性も高い。なので、適正配本というよりは、書店全体の総数から見たら、どっちかというと足りないという印象のほうが大きかっただろう。問屋である取次からしても、運搬上のロスが少ないわけだから、非常に優良な雑誌だったと言える。

そして、この1月号での売上は、2，418万円。広告収入が、約2，300万円。

この額が96年のトップだが、年間を通じて非常に安定していて、だいたいどの号でも売上が2，200万くらい、広告収入も一番少ないときで1，900万くらい入っている。

部数と利益（96年1月号〜10月号）

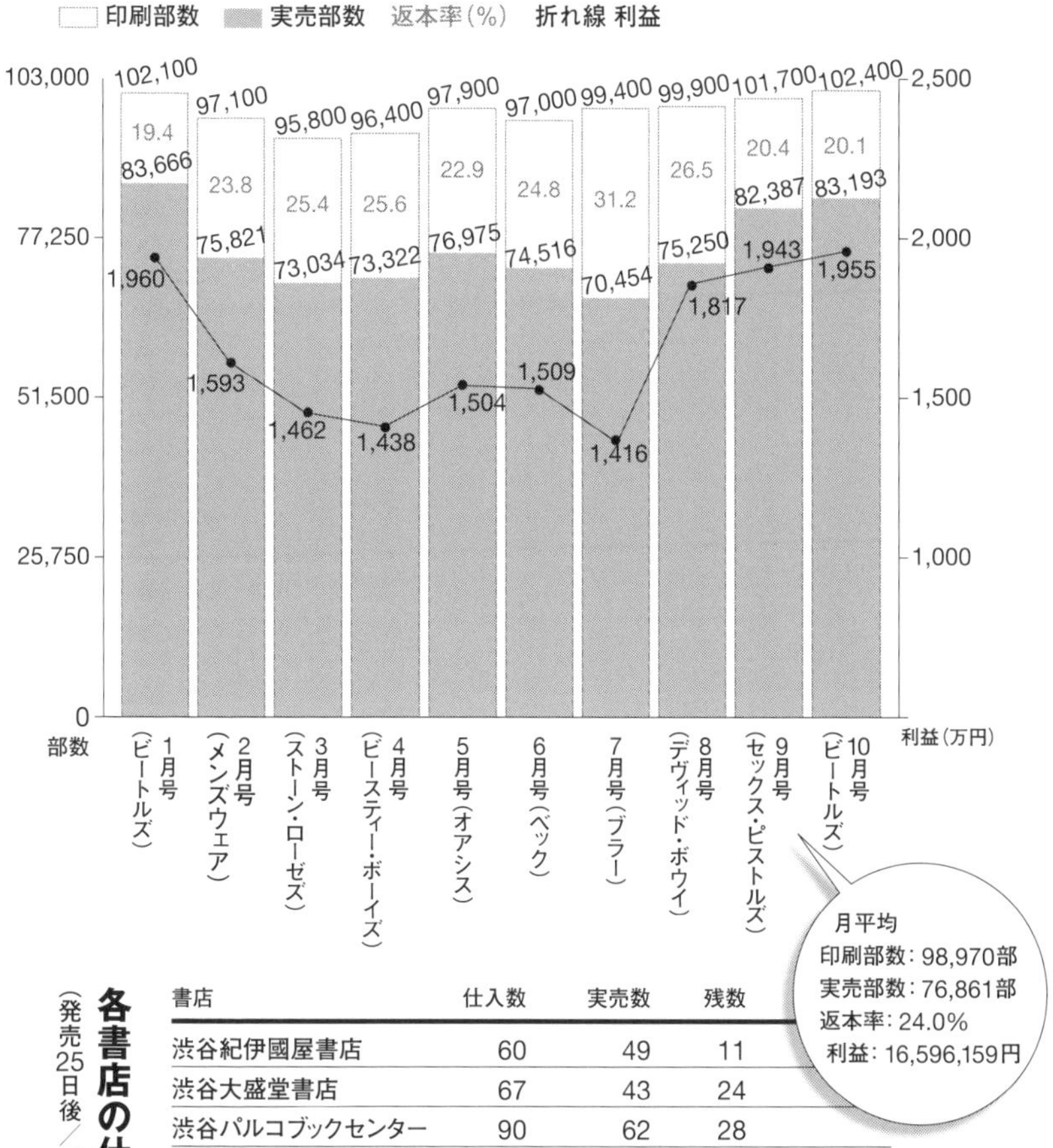

各書店の仕入数と実売数（93年10月号）

（発売25日後／13店舗電話調査／表紙：ポール・ウェラー）

書店	仕入数	実売数	残数	
渋谷紀伊國屋書店	60	49	11	
渋谷大盛堂書店	67	43	24	
渋谷パルコブックセンター	90	62	28	
新宿紀伊國屋書店	169	123	46	
新宿ABC	30	30	0	
神保町書泉ブックマート	60	38	22	
お茶の水丸善	70	63	7	
六本木ABC	113	110	3	
池袋リブロ	151	151	0	
吉祥寺ブックスルーエ	100	88	12	
錦糸町ブックス談	31	31	0	
千葉改造社	28	28	0	
松戸良文堂	51	45	6	
合計	1020	861	159	実売84.4%

これは粗利、つまり税金とか特別損失を取ってない利益だが、ほとんど営業利益そのままと言っていい数字で、制作費を全部引いても1月号は1，959万。ひとつ本を出して純粋に2，000万近く儲かったわけだ。

同じ年では、セックス・ピストルズが表紙の9月号の粗利が1，900万を超えていて、あとは大体1，500万から1，600万くらいを推移している。

ロッキング・オン編集部では単行本も出していたから、1年の売上で約3億円。経常利益は1・8億円。これに対してジャパン編集部は6，000万くらいだからその3倍を稼いでいたことになる。このあとに訪れる『ジャパン』の全盛期に読者になった人たちにはわけの分からない数字だろう。ましてや「ロッキンが本屋だったとは！」なんて人にはもっと分からない。

ともかく、これを6人程度で回していた。ということは、ひとり頭300万円を月間でたたき出す成果ということになって、尋常ではない。

『ジャパン』の数字も興味深い。小沢健二［96年4月号］とCHARA［96年9月号］の号ではそもそもの刷り部数を抜本変更している［小沢健二105，000部／CHARA56，300部］。事前に予測してリスクを回避しているが、実際、売上はほぼ2対1［小沢健二2，100万円／CHARA1，300万円］。少なくとも売上のマーケはかなりできていたことになる。

ただ、この年にはちょっと奇妙なことが起きて、ブラーが表紙の7月号［刷り部数は99，400部］は、返本率が31・2％。これは、おそらく俺が手がけた本の中では最も悪い数字なんじゃないかな。その後はボウイ、ピストルズ、ニルヴァーナと、また20%で盛り返しているが、この7月号での数字は、翌97年にもう少し顕著に出てくる、なんとなく構造的に悪くなっていく予兆だったのだろうなあという感じがする。

この頃になると、ある程度、会社がシステム的にしっかりしてきたこともあり、関わってくれる人員、契約社員やアルバイト、外部スタッフなどの人数も増えて人件費も上がっているし、さらにページもどんどん増えてしまって、印刷代も相当かかっているから、それらが利益率を少し圧迫した要因にもなっていたかもしれない。でも、じゃ引き返そうかとか、このままでいいのかなんて内省してみる段階には、当然のことながらまだまだない。広告の予算など一切無関係に編集は突っ走っていたが、それでよかった。事前に広告主と営業してバーターするなんてことはまったくない編集主導だった。

勢いのままに増ページと値上げを敢行

96年2月号は、メンズウェアなんか表紙にしていて、「¥500」という表示に「新春世界新記録号」という文字を入れている。当時は208ページで定価480円が基本なのだが、この号はそこから20ページも増えて過去最高のヴォリュームになってしまったからだ。90年代に入った頃は、まだ200ページもなくて定価も380円だったのが、雑誌の勢いを反映して加速度的に膨張していき、もう80年代と比べたら倍近い厚さになっている。そうなると定価も上げなければならないので、そのたびに表紙には「増大号」とか「特大号」とか「超特大号」などと表示してきたのだけれど、あまりにしょっちゅうそれが続くので、前年95年の9月号でついに224ページで500円になった時には「前代未聞号！」などと入れている。

こんな幼児的とも言えるギャグがどこから出てきたかと言えば、他の専門誌よりも良心的なのだというアピール、極めて安価で提供しているという自負とイメージ作り、値上げは読者の了解を取りつけて行う、基本値上げは最後までしないといった戦略の伝統があったからだ。

翌10月号は似たような222ページなのに480円に戻したので「大出血号」だって（笑）。そして11月号はまた224ページ、500円で「総決起死闘号」となっている。

96年にはもう、だんだんヤケクソ気味になってきて、さっきの2月「新春世界記録号」にはじまり、4月「横綱相撲号」、5月「急所直撃号」、7月「鬼に金棒号」、8月「勧善懲悪号」、11月号「満漢全席号」とか、もう意味が分からない（笑）。

とにかく、スキあらばそういうことをしかけて読者を笑かそうともしてたけれど、値上げを誤魔化したい一心でないのはもちろん、むしろ正直にお金が掛かってしまいましたすいませんと言っているわけで（笑）、読者にしてもレコード会社にしてもカラーページが増えたことを喜ぶ反応のほうが大きかったから、この種の躍進には、雑誌と一体になって盛り上がってくれていたのだ、と思いたい。

ロッキング・オンの黄金時代

次に、そこから1993年を振り返ってみると、どうだったのか。96年に比べて人件費は300万円、印刷費も400万円くらい安い。粗利を見れば、1993年4月号［レニー・クラヴィッツとヴァネッサ・パラディのツーショット表紙］で、すでに2,100万を稼ぎ出している。96年と同じなのだ。すなわち、少なくとも4年間はかなりの規模での恒常的な利益創出体質は変わっていない。まさにロッキング・オンと雑誌の黄金時代だった。

ちなみに、この号では、シュガーの記事で写真が落ちたまま雑誌が刷り上がってしまい、その状態で8万部を販売することになってしまうという事故が起きた。ページの真ん中にぽっかりと空白ができた状態になってしまっている。ところがクレームはまったくなくて、「すかしてみた」とか「あぶりだしを試みた」とか「斬新なデザインですね」みたいな反応ばかり届

93年4月号、シュガーのインタビュー記事

く。もっとヒネてると「どう考えても事故だなと親近感を持ちました」とか。これもまた、雑誌と読者の関係性がいかに親密だったかの証明だと思う。「なんだこんな本！」と怒られるどころか、売上にもまったく響かないし。もちろん印刷会社には厳しい態度をとり、支払いを半額にさせたので、結果的にはスゴく儲かってしまった。

93年の返本率は、22・7%、21・1%、21・0%、20・0%、18・2%、21・9%、23・2%、19・5%と極めて安定しており、ここまで磐石だと、作っている側からしたらムチャクチャ楽だったはずだ。今回はどうやって凌《しの》ごう、とか必死こいて考えなくとも、クオリティさえキープしておけば何やったって売れるというか、時流とかにもほとんど左右されないということなので、これほど企業体にとって素晴らしい成果はない。

したがって、この『ロッキング・オン』本誌の恒常的な収入をアテにしつつ、次の事業を考える余裕ができる。しかも年間で粗利2億とかいく勢いなわけで、他の雑誌にちょっと試行錯誤のマイナス損益時期があったとしても、それを余裕で支えられる。単行本で大博打を打って負けたなんてこともなく、もともとそういう「イチかバチかやったれ！」みたいなことはしない低リスク志向の経営なのはそもそもこの基盤があったからで、内部留保なんかは溜まっていく一方だったんじゃないか？　いったい幾らあったのか知りませんが（笑）。

ちなみに93年の部数を見ると、1月号で76，100部。その他の月も大体75，000部前後で推移している。

96年までの4年間で20,000部近く増えている。それで返本率はそれほど大きく変わっていないから、読者数が増えたことと定価の改定が、制作費とのバランスをしっかり保っている。こうしたベースひとつとっても、規模がデカくなって、広告収入が上がっていくだけの根拠があるし、大きなビジネスになっていったのは間違いないだろう。さらに新規の読者が以前の号に興味を持ち、どんどん遡《さかのぼ》って買っていくので、バックナンバーも次々に在庫ゼロになってしまっていた。

読者アンケートと読者プレゼント

次に、96年10月号［表紙：ビートルズ］の読者アンケート集計データを見ていきたい。

当初このアンケートというのは「このページを切り取って記入し、封筒に入れて送ってください」という形式でやっていた。臆面もなく。

自分が編集長になってからは、印刷代が高くなるけどそんなことも言ってられないと、綴じ込みハガキを毎号つけるようにした。これも40円切手を貼って出すもので、決して無料ではない。それでもこの月の返りは1,242通。男女比率は、男559対女683。1,000人以上が有料でしかも記名のアンケートに答えてくれるってありますか？　しかも女性が多いのも特徴的。

購読者の年齢

（96年10月号／表紙：ビートルズ）

男性

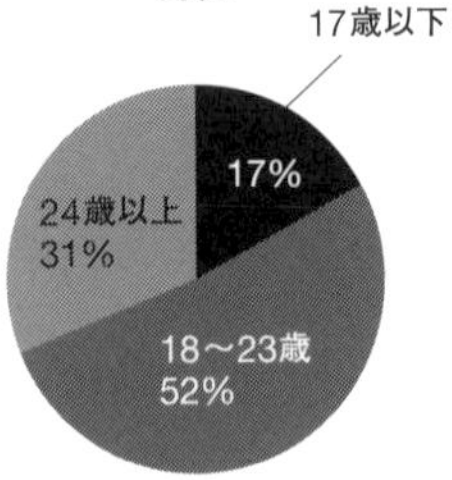

女性

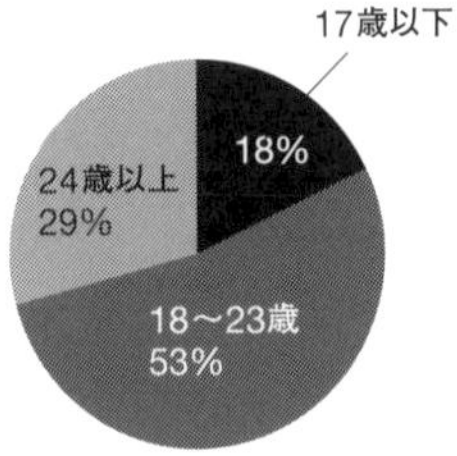

あなたはロッキング・オンをいつから毎月買っている？

（91年7月号／表紙：ミック・ジャガー）

男性

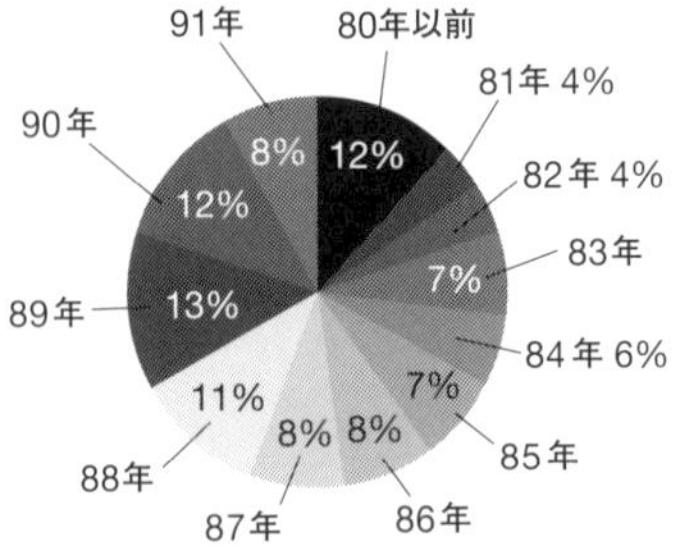

女性

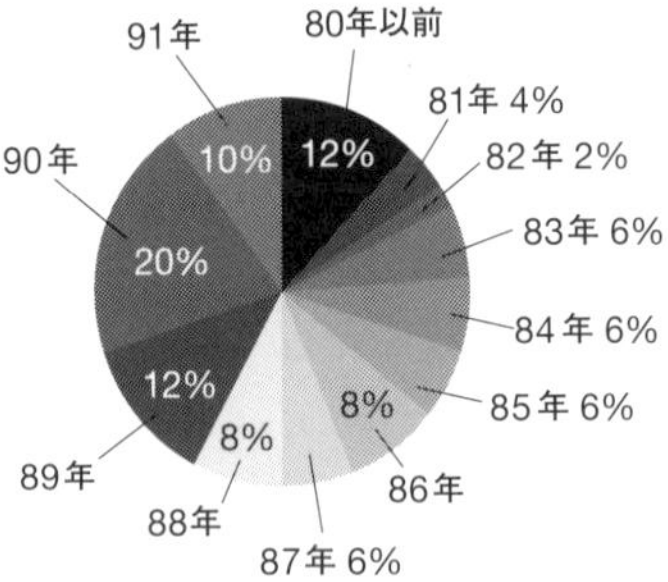

あなたは現役のロックファンであると自認できますか？

（91年7月号）

男性

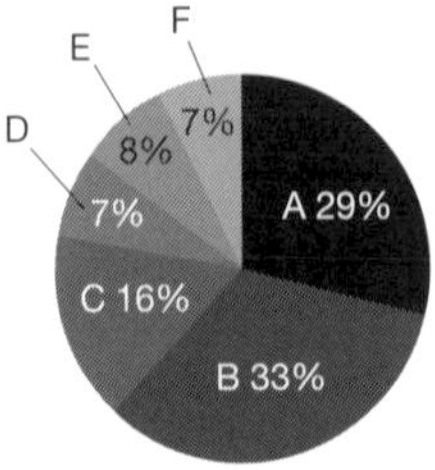

女性

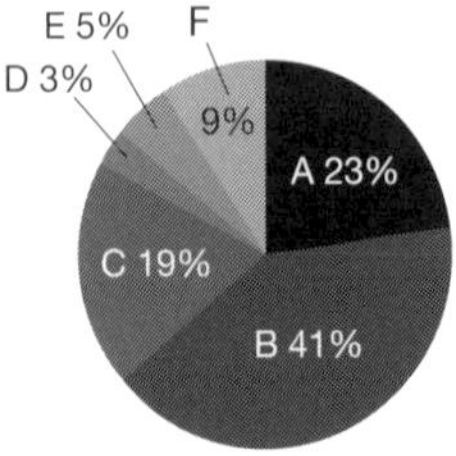

A おう、現役バリバリだぜ

B そこそこ現役だと思う

C 過去にすがって生きている

D ロックなんかもうほとんど聴いていない

E 自認することは屈辱的主体放棄である

F 知らない、よく分からない、考える気力がない

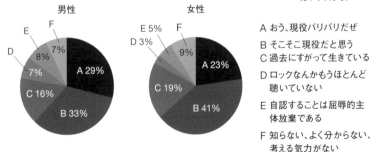

よかった記事（94年6月号／表紙：カート・コバーン）

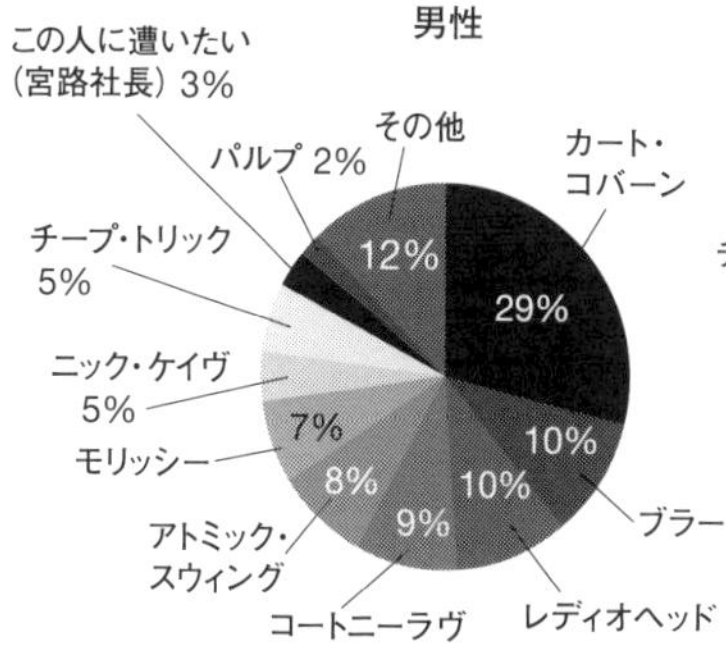

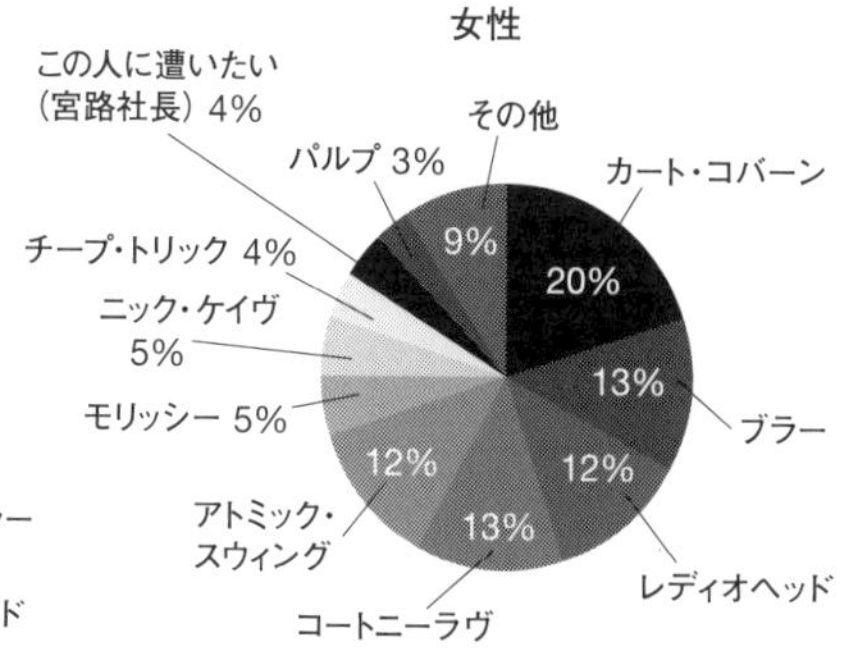

一生とりあげてほしくないジャンルは？
（89年8月号／表紙：デヴィッド・ボウイ）

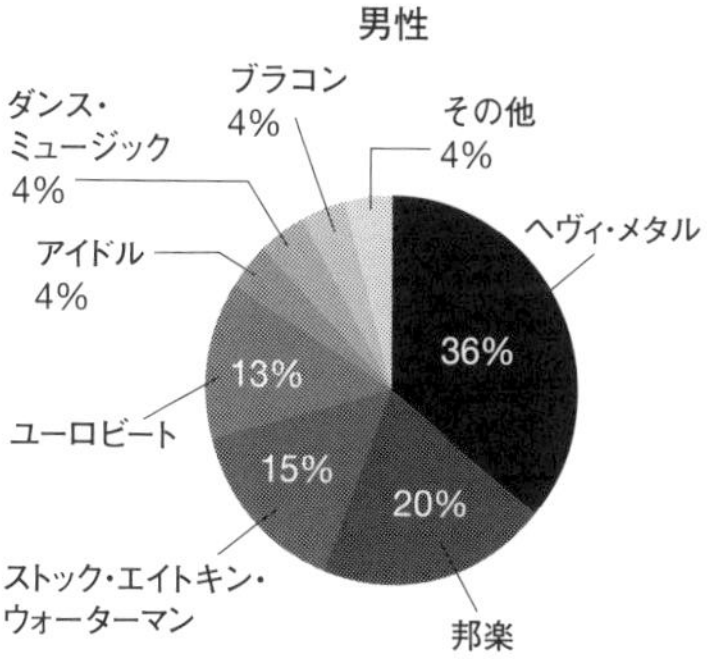

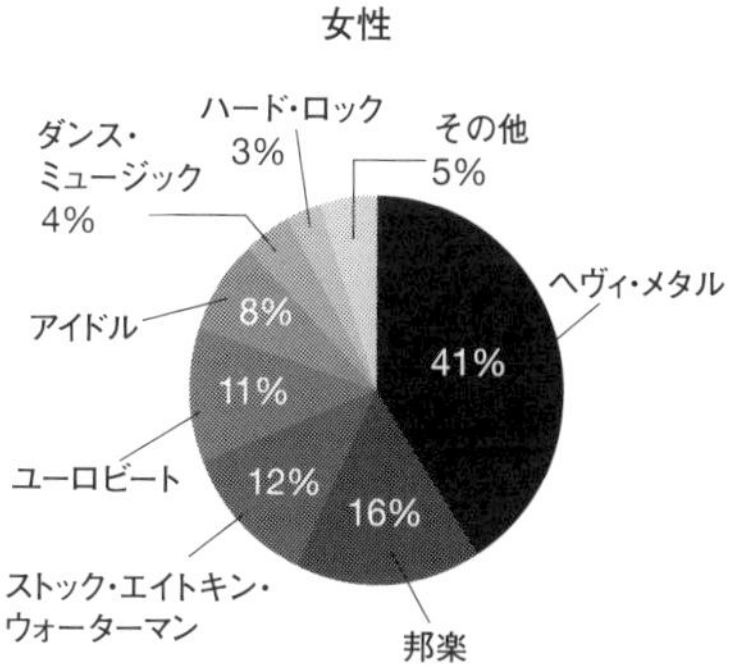

一生とりあげてほしくないアーティストは？（89年8月号）

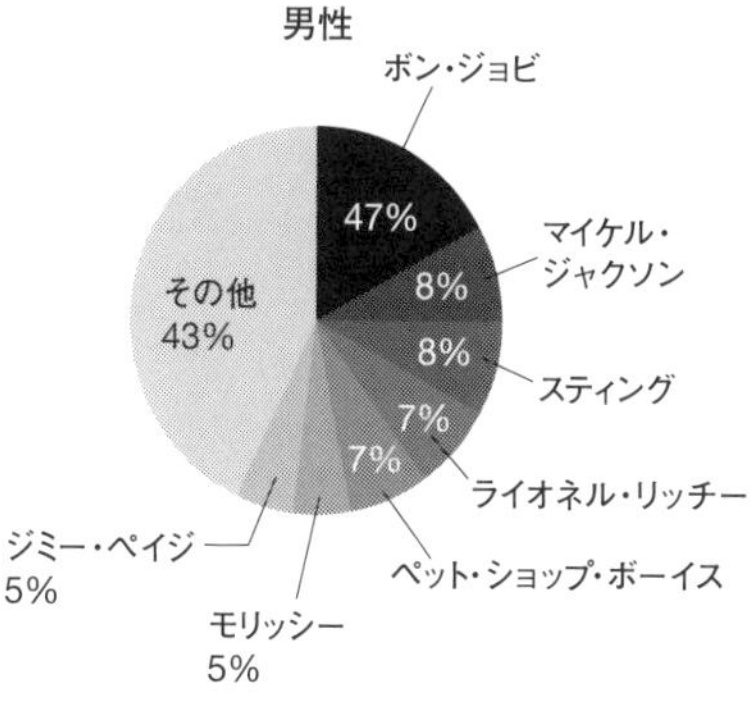

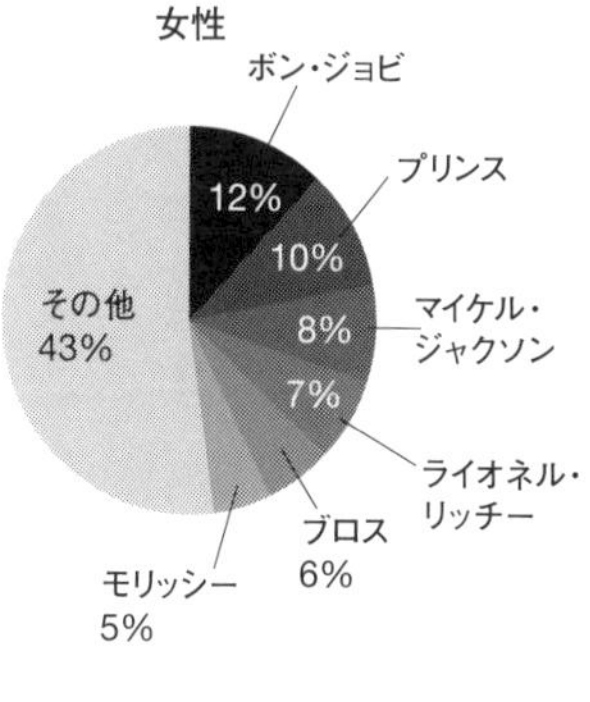

もちろん応募総数や男女比は、どんな読者プレゼントがあるかによっても左右される。この号での一番人気はベックの来日公演チケット・プレゼント［通称チケプレ］で、529人の希望があった。2位はジョン・スクワイア2度目のトランクス・プレゼントで120人。ベックのTシャツも、来日の煽りもあって2名に対して79名。一方で人気ないのはインタースコープ・レコードのTシャツで、これはまあXLサイズだったのもあってだろうが、10名に対して7人しか応募がなかったから応募した人はみんな当たった。いいね。スマホから応募していたらこんなへぼな数字ではなかっただろうけど、そうなれば親密さは消え、ややこしくもなっただろうから、一概には言えない。

「よかったインタビュー」の1位は、ベックが圧倒的で604票。やはりチケット欲しい人が順位を押し上げているのは当然として、表紙と内容がまるでリンクしていなかった時代とは隔世の感で、ロッキング・オンが時流をこしらえ、それが受け入れられていていることが分かる。2番目はクーラ・シェイカー、次がビートルズ、4番目がスウェード。

洋楽業界の最大公約数であり最大分母であるところのビートルズは、なんやかんや言っても常に何割かの浮動票と基盤を担保していたんだね。

「あなたはなぜロッキング・オンを買うのですか?」

遡って91年7月号でのアンケート結果もけっこう面白い。

さっき言った通り、この頃はまだハガキがついておらず、何年かに1回くらいの頻度でしか行なっていなかった。おそらく、その形式でやるのはこの時が最後だったんじゃないかと思う。ひさびさに実施したせいか、みんなどーんと送ってきていて、抽出サンプル数が男女で各1,000、合計2,000の集計とあるから、それ以上の数が送られてきたということだ。しかもプレゼントはまだ「抽選で50名にレコード券3,000円分」という平坦な感じでやっていたのに、そのためにわざわざページを切り取って封筒に入れて送ってきた人が2,000人以上とは、読者にとって、それに答えるのが非常に重要なことだったんだね。内容を見ると「ほぼ毎月買っている」人が7割におよぶ。7割が固定読者っていう雑誌もなかなかスゴい。

さらにここに「いつから買っていますか?」という項目がある。10年以上買い続けている読者の多さはハンパない。

「あなたはなぜロッキング・オンを買うのですか?」という設問に対して用意した答が「習慣・惰性/安い/他に読む本がない/ヒップ&クールだから/友達がいない」だって。さらに「自分を現役のロック・ファンであると自認できますか?」の回答候補は「おうバリバリだぜ/そこそこ現役だと思う/過去にすがって生きている/ロックなんてもうほとんど聴いていない／自認するということ自体が屈辱的主体放棄である／知らない・よく分からない・考える気力がない」（笑）。もちろん全部、俺が考えたものだが、独自の本音にユーモアを交えて勝負すべきとする伝統は渋谷時代から。

しかし、いくら業績が好調であっても、80年代の『ロッキング・オン』読者というのは、レコード会社に対して営業的なマターになりにくいというか、全然コンサートに行ってない人とか、アルバムあんまり買ってない人とか、現役のロック・ファンだと思ってないとか、そういうムードが強く、部数は出ていても、果たしてレコードの売上に結びついてるのか、と疑念を持たれていたりもした。「おまえのとこに広告載せても売れねえんだもん」とか言われたこともあったしね。それに対して、アルバム・ジャケットを表紙にするだけで何の論評もない雑誌は、名前は言わんよ、そこに載ると確実に店が仕入れるというので、目先の実利をとる立場からは、『ロッキング・オン』は融通の利かない別世界の本という意識が垣間見えていた。

「90年代のレコード会社にはうなるほど金があったのだなあ」

1995年5月号では、表にウィーザー／ヴェルーカ・ソルト／エラスティカ、裏にソニック・ユースをフィーチャーした中折広告が入っている。当時ここのレーベルは、こういうバンドは『ロッキング・オン』に載せればいいということを十分に承知していて、誌面でより目立つパフォーマンスをすれば、みんなが買ってくれると信じてくれていたのだろう。実際に売れたと思うし、あれで買いましたなんていう人に後年何人か会ったりもしたよ。発売日に全部まとめて買ったそうだ。

ついこの前まで、レコード会社を丹念に説得してまわっていたのが信じられないくらい、営業もスムーズにいくようになった。担当ディレクターのほうが面白がって、自分のところのアーティストにどうやって良いイメージを持たせようか率先して考えてくれていたりして、こっちのほうが驚いちゃったこともあるくらいだ。

いま現在、音楽業界の現状は、そうとう悲惨なことになってしまっているが、振り返ってみれば、「90年代のレコード会社にはうなるほど金があったのだなあ」と今さらのように実感する。その頃は、こちらからお願いするまでもなく、レーベルからのプロモーションとして海外現地での取材をセッティングしてくれる。その機会がどんどん増えていき、俺だけでなく編集部全員が毎月のように世界中を飛び回っていた。しかも、編集長が動くとなると、英ボンド・ストリートにある一泊5万のホテルに滞在、ビジネスクラスでの渡航となったこともあり、いったい幾ら宣伝費があったのだろうか。

そういえば当時、雑誌『噂の真相』の匿名座談会で、「増井修は出張時にビジネスクラスを要求するヒドいやつらしい」「権力は滞れば腐る」と断罪する記事がもっともらしく6ページも掲載されたけれど、この時もまともに反論なんかしたくないというか、触りたくもないので「ビジネスどころか、俺はインフィールドフライを宣告されたキャッチャーのように、ファースト！　ファーストと叫んだこともあるぞ」とかギャグにしていたな。もちろん、自分からビジネスクラスを要求したことなんかないよ。「今回は急だったのでエコノミーしか取れなくてすいません」なんて言い出すディレクターにむしろ恐縮していたし。レコード会社に金があって、担当者もビジネスに乗っていいところに泊まってみたいからイケイケだっただけの話。

出張は、基本的に楽しいものだった。でも一番最初の、アメリカまでR.E.M.に会いに行くって時は大変だった。時差は合わないし、現場は言うこときかねーし、はるか遠くジョージア州まで車で50キロとか聞いて気が遠くなってたら、同行していたカメラマンから「これでも吸え」とマリファナ勧められるし。ようやく辿り着いたら、取材相手は釣りしてるし……。マイケル・スタイプはいねーし。でも別にかまわねーし。

ちなみに、自分がはじめて海外に行ったのは、デヴィッド・ボウイが83年にやった「シリアス・ムーンライト・ツアー」をウェンブリー・アリーナまで観に行った時。大久保さんが旅行代理店から広告をとってきて、もし『ロッキング・オン』に掲載したことで20人以上の参加者が集まったら、編集部の人間をタダでひとり連れて行ってやるというので、「じゃあ俺が行きたい！」と言ったら本当に連れて行ってもらえることになった。で、よくよく考えたら当たり前なんだけど、一緒に行く人たちは全員が読者。みんな同い年くらいで、男は俺以外にふたり

会社発26時

『噂の真相』に「音楽雑誌の舞台裏事情を剝ぐ！」というとんでもない匿名座談会が載っていた。その中でいきなり私の名が出てくる。C『ロッキング・オン』の増井修がひどいらしい。何がひどいかというと、バンドの取材をする際には、海外取材が当り前という条件を出すらしい。アゴアシは当然メーカー持ちで、しかも飛行機はビジネス・クラス。（中略）それが当然という感覚みたい」

私はこれを見て唖然とした。私はビジネスにこだわるどころか、あたかもインフィールド・フライの捕獲を指示するキャッチャーのように「ファースト！　ファースト！」と連呼したこともあるし、「熱帯魚購入のための予備日をちょうだい」と主張することすらある。買ったウナギが重たいから持ってくれと言って東芝の小山さんに拒否されたことまである。おい「C」、そうした私のゆ着と傲慢の実態に迫らずして、裏をあばくとは甘いな。いや、それはまだいい。本当にひどいと思ったのは名前を出してもらうことすらできなかったクロスビートの森田敏文やミュージック・マガジンの大竹直樹（いねえか、もうそんな奴）の人権というものを一体どう考えているのか。人事ながらそうした人々に対して無視をきめこんだことは、当人達を著しく傷つけることになりはしまいか？　心配である。それから業界のみなさん、「ひどい増井さん」いらっしゃいますか？　と電話をかけてくるのだけはやめてもらえませんか。飽きました。（増井修）

『噂の真相』へのリアクション

しかいない。あとはみんな女の子。現地では、どこに行くにもずっと男3人で行動してた。怖かったから（笑）。

8万円の領収書

ある時、1995年くらいだったと思うけれど、ロッキング・オン編集部に所属する女性の契約社員が、東芝EMIの女の子たちと飲みに行き、最後に奢《おご》っちゃって、翌日に8万円分の領収書が俺の机の上に置かれていたという事件が起きた。

まずその金額が信じられないし、俺の知らないうちにそんな仲良しグループができていて、他社と交流を持っている事実にも驚かされた。というか、事前に相談もないまま、10万円近くの出金伝票に、ただそのままハンコ押すわけないじゃん。

どういうことなんだろう、つまり、その女性契約社員は、俺と話がしたかったってことなのかと考え込んだ。俺は、とっつきにくくて仕事ばっかりやってるし、折り入っての話をしようとなると、本当に「折り入って……」という感じになってしまうし。そこで俺ははじめて、いろいろなことを知る。単に8万円を黙って使ったということ以上に「これは何かありそうだぞ」って。

自分は社内政治とか考えたこともないので、派閥ができているとか興味なかった。むしろ、そんなもん作るやつはゴミだ、みたいな感覚しかない。でも人間は一定数が集まれば、そうなるやつはいるものなんだよね。予期しなかった形で会社が成長しているんだなと実感させられた。思わぬ形で会社の変化を感じることになるのは、この後のことなのである。

第9章 ロックとマンガとさかな

Blur Oasis The Stone Roses The Smiths Suede Elastica The Charlatans The Beatles Nirvana Beastie Boys Culture Club Wham! Beck Guns N' Roses Lenny Kravitz David Bowie Manic Street Preachers Paul Weller Aerosmith The Three Degrees The Rolling Stones Duran Duran John Lydon David Sylvian Bruce Springsteen The Stranglers Japan David Lee Roth Eurythmics Pink Floyd New Order Dinosaur Jr. Inspiral Carpets Pale Saints Ride Public Enemy The Byrds Taylor Swift Pet Shop Boys The The U2 Cheap Trick Faith No More Vanessa Paradis Kylie Minogue Transvision Vamp Bros Bay City Rollers Thom Yorke Rapeman Led Zeppelin Primal Scream Sheila E. Madonna Queen Coldplay Prince The Strokes Sonic Youth R.E.M. The Clash The Libertines The Style Council The Jam Happy Mondays Sting Sex Pistols Menswear Sugar Kula Shaker Weezer Veruca Salt Simon & Garfunkel Badfinger Blind Melon Kiss

「とにかくマンガをやればいいと思います」

ロックとマンガは今でも2大カウンター・カルチャーだから、そこに親和性や類似性がないわけがない。『ロッキング・オン』誌面でも、マンガに関する原稿が多かったのは極めて自然なことだと思う。

入社して間もない頃、創刊スタッフや当時の関わっていた人を集めて、ちゃんとした会議を1度やったことがあった。そこで「ロッキング・オンは今後どういう方向に行くべきか」と大真面目で話し合っているので、俺はよく分からないまま「とにかくマンガをやればいいと思います」と発言し、理由はなぜと訊かれて「う～ん、面白いから」とか小学生みたいに答えていたりした。ともかく、自分にとってマンガとはそこまでロックとイーヴンな存在だったわけ。

そもそもはじめてマンガというものが大好きだと感じたのは小学校2年の時で、「3学期の通信簿に5がひとつあったら『少年マガジン』を定期購読してやる」っていう約束を親としていた。3月生まれということもあり、入学したばかりの頃はすっげえ成績悪かったのが、この時になって突然5が3つもらえ、定期購読できるようになって、それは幼心にムチャクチャ嬉しかった思い出だ。もちろん毎週ものすごく楽しみにして読みまくった。

それに比べると音楽は、いちばん最初に買ったのは、サイモンとガーファンクルの〝コンドルは飛んでいく〟にしようか、バッドフィンガーの〝嵐の恋〟にしようか、それとも〝走れコータロー〟［ソルティー・シュガー］にしようかという3択で、結局〝走れコータロー〟を買ってしまったという前科もあり、おそらくマンガ愛のほうが最初は強かったんだと思う。

西原理恵子さんといがらしみきおさん

『ロッキング・オン』では錚々《そうそう》たる面々の作家に描いてもらえた。いがらしみきおさん、西原理恵子さん、和田ラヂヲさん……みんなそれぞれ思い出深いけど、西原さんには焦った。もう締め切りとっくに過ぎてて校了日、ほんとに青焼き校正で赤字を戻すようなタイミングだっていうのに、まだ原稿が届かない。来たら来たで、超やっつけのどうしょうもねえ絵で、ふきだしとかもハミ出してるし、もう内容に文句も言えないし直せもしない。で、面白い。

マンガの中では俺もかなりいじられたけど、ギリギリ紙一重のところで恨まれない術を知っているというか、毒舌なんだけどちゃんとしている。ああいうのを描いてくれたのは、ホントありがたかった。

一方、いがらしみきおさんは憧れの人だ。渋谷がラジオで取りつけた約束を聞き、「じゃあ描いてくれるんだあ！」って、すぐさまオファー。『ネ暗トピア』から『ぼのぼの』から、もう大好きなので力が入りすぎて、原稿が届くたびに長いファックスを、「なに書いてるんだ、こいつ？」っていうくらい、ああでもないこうでもないと、いちいち送り返したので、先生も完全に迷惑してただろう。

ただ、いがらし先生には独立した2ページとかでなにかやってくれとオファーすればよかったのに、渋松対談の挿絵のページに4コマを描いてほしいって依頼したので、きっとやりにくかったと思う。見開きでもなんでも、自由に任せるべきだったところを、ページ設定を間違っていた気がする。ご本人も考え込んでしまったようで、最初は五目並べみたいな図形を描いてきたりした。

無茶振りといえば、山田芳裕さんや、絵が凄まじく上手い王欣太《きんぐごんた》さんに「ページをめくったらオチが1枚絵でくるように、前の1ページでストーリーを作ってくれ」とか、そうとう難儀なことを要求して、かなり知恵を絞っていただいたりもした。あれをヒネり出すのには、どれくらい時間がかかったんだろう？　月に1回とはいえ、常に頭の中に入れてないとできないはずだ。それに対して5万円くらいしかギャラ払ってないから、対価としてあまりに申し訳なかった。

和田ラヂヲの「キース・リチャーズの間」

和田ラヂヲさんは、まだ『ビジネスジャンプ』で連載してたんだけど、独特の味があるし、新しい感性だし、すごく面白いなあと思ってお願いしたら受けてくれた。すごく人気が出て、単行本にもして結構な版を増刷した。

それまでの4コマ漫画って、いちばん最後でオチるものだったのだが、相原コージさんや吉田戦車さんによって、そのオチが上にくるというか、最初のコマからオチてる不条理ギャグになり、和田さんは、そういう人たちのラジカルなムーヴメントをさらに昇華させる活躍だった。

例えば吉田さんは、いきなり「おでん2万6千人ぶん注文」とか頼んでる屋台があって、最後のコマに「この店は爺さんと婆さんがふたりきりでやっている」とか書いてあるんだけど、それが当たり前のように描かれてるともう、どうしようもなくなる。吉田戦車の天才的な作品は、今読んでもバカみたいに大笑いできる。ただし、吉田さんは熱心にオファーを出したのだが、結局断られた。その断り方が丁寧で常識人で、やっぱこういう優れたギャグを繰り出せる人ってのは、常識人なんだな、ロック人種とは違うんだなと思った。

和田さんはその流れとはちょっと違って、間

'95年9月11日、川崎でストーン・ローゼズを観る

作・和田ラヂヲ

で読ませるというか、妙な時空白があり、俺はそれを「キース・リチャーズの間」と呼んでいた。キースもギターを弾いてるところじゃなくて、弾いてないところを聴かせてるっていう言われ方をされたりして、弾いてないところを聴かすなんて凄いテクニックだと思うけど、和田さんにもそういうところがある。

単行本には『ロッキン・ラヂヲ』というタイトルをつけたが、連載時は「タリム盆地」とか、時々「タクラマカン砂漠」とか、よく分からないものにしていて、あれに普通に大きくタイトルをつけてしまうと、それっぽいページになってしまうなあと思い、そんなふうにタイトルがあるんだかないんだか謎なものにしよう、それが和田さんには合っているという気がした。集英社の担当者は、それがとても面白いと褒めてくれた。

和田さんは、集英社と専属契約を結んでいたわけではないものの、上京する際の交通費などは集英社がすべて負担するのが当たり前になっているような状態だったし、今は少し空気も変わって、集英社からデビューしても他に行けるようになったようだが、当時はまだ他では一切描けないというのが暗黙の決まりだった。で、俺はそれを最初に崩した人だと言われた（笑）。

和田さんについては、それっぽい縛りがあるのかなとはちらっとも思っていなかったから、『ビジネスジャンプ』の連載だけで食わせていけるんだったらまだしも、その時点では「この人は面白いぞ」と少しでも認知が広がるんだからいいじゃないか、集英社のためにもなると。実は集英社のほうでは「はじめてよその版元に出すことになるが、和田さんとはいえ渡していいのか」みたいな話が重役会議にのってたらしい。

『陽一さんのもしもし編集室』

そういうプロの漫画家さんたちとは別に、90年代頭までのロッキング・オン読者の間で知られているのは、『陽一さんのもしもし編集室』というマンガを描いていた佐々木容子さんだろう。

彼女は北海道の一読者の立場で、ずっと投稿者として、あのマンガを描いていた。連載をやめた理由も、結婚して子どもができて忙しくなったたし、もうロックもそんなに熱心に聴かなくなったということで、ちょうど引き時だという感じで、終わりましょうということになった。で、その時に佐々木容子さん、現・小松容子さんが語ったことには「ああ、若い人たちの出番がきたんだな」と。そして彼女は後輩に道を譲り、いがらしみきおさんとかが登場してきた（笑）。

『ロッキン・ラヂヲ』（和田ラヂヲ［著］／1996年刊）

渋松の挿絵も最初は佐々木さんだったのだが、あの朴訥なノリが、いつのまにか西原理恵子さんのとてつもなく乱暴なノリになってた。『それはちょっとイヤだ』って、そんなもんタイトルにすんなよ。っていうか、オファー自体が迷惑だと書かれてしまっている、究極のロック漫画というべきなんか。

今いちばん面白いのは『ワールドトリガー』。絵が上手く独自だという共通解はもちろん、コマ割りとセリフが抜群で、単行本を大人買いしているんですが、いつどの巻を見てもカタルシスが必ずある。金木研《かねきけん》が出てくる『東京喰種トーキョーグール』は、第2部になってから、それほど熱心ではなくなったけど、『嘘喰い』のほうは安定の面白さ。ただ『嘘喰い』は週刊誌連載で読んでいてもあまりにも分からないから、ツタヤで全巻借りてじっくり読んだんだけど、やっぱり分からんかった（笑）。あと『ヤングマガジン』の『ザ・ファブル』っていう、殺し屋をいきなり廃業するマンガが面白い。南勝久《みなみかつひさ》って『なにわ友あれ』という超ロングセラーの昔話漫画を描いてた人で、そっちは嫌いだったんだけど、『ザ・ファブル』は絵は完璧だし、もう脱帽しました……って、こんな情報いらねえか、昔話だけしてりゃいいってか、わかったよ～。

「ロックとさかな……友達がいないのだな」

当時、西原理恵子さんは、ことあるごとに熱帯魚の原稿を書いている俺のことをからかって、こんなマンガを描いてきた。「水商売の女と小型犬、一人暮らしのOLと猫、ロックとさかな……友達がいないのだな」。

うまずぎる！　うまずぎてもう反論できない。まさに友達がいない、とか恋人がいないの類型で、そこに自分を加えられてしまった。

不思議なことに、編集長になる前はバイクが好きで、オーダーメイドで30万円くらいのつなぎを作ったりするほど本格的にのめり込み、750とか900とか、しかもロードレーサー・タイプで超前傾の物凄く疲れるようなやつに乗っていた。それを飛ばして、鈴鹿サーキットまで行って8耐を見たり、茨城にある筑波サーキットで毎月1回行われているレースにもバイクぎゅんぎゅん乗りながら通い、専門誌も『ライディング・スポーツ』ともう一冊を必ず買って読んでいたのだが、突如30歳の夏に「バイクやめて熱帯魚飼おう」と決心する。そうして、バイクは売っ払うし、つなぎとかそういうのも全部捨ててしまった。

作・西原理恵子

あるとき高島屋のてっぺんに行ったら熱帯魚がいて、それが涼しげで、これ飼おう……って。それがまた奇妙なことに、編集長になった時期と一致しているのだ。当時、子どもができたこともあり、バイクに乗るのが怖くなったのもあるが。

それからは熱帯魚飼育にひたすら邁進。熱帯魚マニアが全員寂しいかどうかはよく分からんけども、水草を作ってる人とか、アマゾンの水系を完全に再現してる人とか、海水魚ファンだとか、サンゴに絞ってるとか、淡水魚や古代魚だけ集めて獰猛《どうもう》なやつばかり入れてるやつとか、繁殖を狙って系統立てた水槽を何十本も入れてるとか、いろんな人がいて、ただ共通して言えるのは「流体としての水が好き」ということだろう。だから、熱帯魚ファンは洗濯機が回っていると目が離せない。猫のように絶対そこから動けなくなる。そこで動いてしまうやつは「リアル熱帯魚マニア」とは言えないな。ちょっと出川哲朗みたいになってきた（笑）。

止水というのは全生物が死ぬので何も育てられない、という飼育上の必須要件もある。水が動いている状態がまず好き、というのが全員の共通事項としてあるのが面白い。例えば川でも、川の傍に溜まっている水は別に見たくない。でも流れている川面は、つい全面的にダーッと見てしまう。別に濁流とか激流みたいなのが好きなんじゃない。それを箱庭みたいなところに入れて――文字通り「水を回す」というのだが――そこにライティングすると、それだけでひとつザ・ワールド！［荒木飛呂彦］みたいなものが出現するわけだ。自分の手でひとつの世界を構築したい、そこだけで完結するような、自然の一部をばーんと切りとってきて過不足ないところまで持っていくという、これは極めて男的な欲望だという気がする。

魚は水が汚れるから邪魔だと、サンゴしか入れてない人もいるが、魚に限らず、生物は不純物を出してしまうので、閉鎖環境ではまずアンモニアが最初に問題となる。そうするとアンモニアを除去ないしは無害化しなくてはならない。それはバクテリアの力と言われてきたのだけれど、最近だと古代生物の力なんだということが発見されたりして、まだ分からないことも多い。単に濾過《ろか》装置で不純物を濾《こ》しておけば綺麗になるというものではなく、原理としてはなにがしかの化学反応が起きているのだ。ところが海水の場合はこれがむちゃくちゃ難しい。海水の成分というのは非常に多くて、70数種類もの元素があり、もう地球上の元素が半分入っていると言えるようなものだ。それを人工海水のもとを買ってきて水道水に溶いて作るわけだが、それを製造している会社は、目薬の会社が多い。なぜかというと涙というのは海水の成分と非常に似ているので、そこから派生的に開発されてきたのだという。おーい、おもしろいな。

ほぼ飲み屋にいるような気分になってきつつも、かまわず話を続けると、繊細かつ難解で超高度な「海」というシステムは、最終的には原油でさえ分解してしまう力を持っている。時々タンカーなどから重油がブチまけられ、当初は海岸の生物が全滅したりするものの、いつかは必ず、ほぼ持ち直すからね。ものすごい微生物の連鎖的な働きでそれを成し遂げているわけだ。で、そいつをひとつの小さな水槽で再現しようとしても、どこかで無理が出て、例えば1か月くらいすると、なにもいじってないのにヨウ素とか、あるいはモリブデン、はたまたアイオダインいう成分が不足してきたりする。

進歩してきた昨近では、天然の海水と比べ水槽においては何が足りなくなるかをモニタリングするアプリを作ったドイツ人がいて、それが最新の飼い方になりつつあるようだ。自分のところの水を検査キットみたいなので送ると向こうで全解析し、そのデータをこっちに送ってくれる。モリブデンが不足しがちです、とか、あれが足りないからこの成分を一滴だけドーシングしろとか、それによって、あんまり水替えをせずに、揮発したり消費されたものが補填できるわけ。今まで勘と職人の世界だけでやってきたものをデジタル化していて、水族館とかの施設ではもう導入しているかもしれない。「海水を直接ひいてくるとはなんたる野蛮人！」みたいな世界に。

ライティングについても、やはりLEDに移ってきたが、それだけだと弱くてうまくいかない。サンゴなどは紫外線を含んでいないとダメなので、それを照射するためにUVランプをわざわざ入れて、絶対に直視するなとの注釈を伴って、生物環境を整えていく。LEDの素子はいっぱいあるから、それをパネルみたいな点灯装置にして、だんだん明るくして昼前に最高の明るさで白っぽい光になり、やがて夕方にかけて次第にバイオレット系に落ちていく、そこまで自動調整してより自然に近づけましょうと、もう気の遠くなるようなプログラミングが施されている。

それからね、メラノゲニスという魚をペアで飼っていたら、それが産卵して孵化《ふか》してしまったことがあったんだよ。これは日本で最初か、悪くて2番目のブリーディング成功例だと思われる。そのまま育てていたら大きくなったから、「レイク・アフリカ」っていうショップに1匹500円で売ってた。年に3回くらい産卵するのを、1回40匹くらい出荷してたんさ。

あとは海外出張のたびに買い付けだよ。オフ日が発生したり、そうでなくてもインタビュー相手の都合で日程が空いたりすると、現地のショップに片っ端から電話してすべてまわった。ベルリン、ロンドン、アムステルダム、ニューヨーク、ロサンゼルス、だいたいの土地の熱帯魚屋の傾向を俺はなんと掴んでいるのだ！

今は亡きシャノン・フーンが率いていたブラインド・メロンの取材に行った時、ロサンゼルスの熱帯魚事情を把握すべく動いていたら、腹が真っ赤な淡水うなぎを見つけて猛烈に欲しくなってしまった。海には1回も出ないから正確にはうなぎではないのだが、とにかくそれを「日本の半額だ！　やったやった、真っ赤で気持ち悪くて面白いな」と浮かれながら購入。ところが帰国して税関で「生物を持って帰ってきたんですけど自分家の熱帯魚だからいいすよね」と言うと、「いやー、いちおう見せてください」みたいな話になり、そこで開けてみたところ、手荷物として持ち込んだならまだしも、マイナス40度の上空を飛んできたから当然のごとく、「ダメかどうかはさておき、死んでますよ」と告げられる。後ろに並んでた有島博志《ありしまひろし》さんたち一行なんかは大爆笑で、その他のお客さんも、気持ちの悪いうなぎを持ち込んだ人間が最初は得意げな顔をしてたのに、いきなり自分のミステイクで意気消沈して凹んでる様子を囲んで見物しはじめた。職員さんは「で、これワシントン条約のチェックしますか？」と冷凍の魚を持ち上げて嫌味にも訊く。だから「そんなんしないでいいから捨ててくれ」って泣きながら言った。

オランダで買い付けてからイギリスに行って取材をする段取りになった時、発泡スチロールのデカい箱を手荷物として持ち込もうとしたところ、ＢＡ［ブリティッシュ・エアウェイズ］から「絶対ダメだ」と言われ、「生き物なんだよ、いいじゃねーか」って押し問答になった。そこで「So you are the animal killer!」とか言ったら物凄く嫌な顔をされつつ、ＯＫとなって特別室みたいなとこに入れてもらえた。それでことなきを得て英国に辿り着いたのも束の間、なんと今度はロンドンの熱帯魚屋というのが酸素補充をしてくれない。激しく憤慨しつつ、なんとかもつかなあと思いながら取材を終え、日本に戻ってきたら無事だった。そこで、オランダのショップに「魚たちは無事だったよ」と電話をかけることにした。理由があるんさ、理由が。そのオランダの熱帯魚屋は、なぜか奥さんがとても暗い顔をしていて、ダンナさんの手伝いもまるでしようとしない。なぜこの人こんなに陰気なのかあと思っていたら、空港まで送ってもらう道すがら「私、ガンなの」と言い出した。「そうだったんですか、だから休んでいたんですね。なんと言ったらいいか分からないけど元気になることを本当に祈っています」と告げて別れたんだ。それから移動する際には魚たちがあたかも彼女の分身であるかのように思えるふしも少しあったわけ。だから帰国した時、魚は無事だった旨を連絡することがなんだか必要なことであると思えて、そこで「おばさん、そんな気を落とさずに。魚は元気だったからさ」というメッセージを添えて国際電話をした。あの、この話とか本当にいります?

著者宅の水槽

第10章 ラジオとトークイベント

「増井さんは声が素敵だから絶対ラジオやるべきよ」

編集長になったくらいの頃から、よく「増井さんは声が素敵だから絶対ラジオやるべきよ」というようなことを言われていた。そこで、「やっぱり自分の運命は引き受けなきゃいけない！」と、「顔は悪いけど声はいいんですよ～」っていうキャラをここでまたテメエから打ち立てていくことになる。本当にラジオ向きであるかどうかは、まず実際に喋ってみないことには……いざ現場に出たら緊張して何も言葉が出てこねえんじゃねぇか、とか思いつつ、おっかなびっくりドカンとはじめてみたら、これがけっこう喋れた。なので、少しは適性があったんだろう。

俺のラジオのやり方というのは、ぶっつけ本番で録って、基本的に修正をしない、編集なし。そして台本はすべて俺の頭の中にしかない。ゲストのブッキングも俺がやる、選曲も俺がやる、つまり放送作家やＤＪ、すべてを自分で担う。ともかく「ここトロトロ言っちゃったからやり直しましょう」みたいなことをした記憶は1回もない。ゲストが来ても一発録りで、なぜ生でもないのにそんなことしなきゃいかんのかという感じなんだけども、そのほうがテンションが高いし、なんと言ってもめんどくさくないし、ラジオの時間はそもそも本の宣伝。そうすると当然アラも出てくるわけだが、そこも含めてできるだけストレートにやってみたかった。

ぶっつけ本番に耐えうる話を切らさないように喋り続け、ある程度まとまったところで切ってちゃんと曲につなげていたし、さらに、できれば日本で新曲をいちばん早くかけたいからと事前にディレクターとかけあったりして、「これが世界初のオンエアになります、スウェードのニュー・ナンバー！」とかやっていたわけだ。

「あの人が何を話しているのか私にはひとつも理解できない」

最初のアシスタントというかパートナーを務めた女の子は、あまりにも俺が『ロッキング・オン』的な文体・文脈そのまんまで喋くるもんだから、もう何を言ってるか分からん……とキョトンとしてしまっていた。こっそり他の人にもらしていた話を聞き及んだところによると「あの人が何を話しているのか私にはひとつも理解できない」と（笑）。彼女はいわゆる喋りのプロだから会話を交わすにしても「ああ、そうなんですか。だとするとこうですねえ」みたいな、いかにも台本に載ってるような綺麗な流れ、イントネーションで喋ろうとするわけ。ところが俺は、ことごとくそれをブッ壊したり、いじったり、からかったり、なかったことにしたりという展開にしていくもんだから、そりゃあ、やりづらいだろうね。そのやりづらさもまた、いかにもアラが出る感じでかえって面白いと思ってたフシもあり（笑）。ほとんど悪質なイジメ、セクハラの領域にあったとも言える。

その後の相方になったアランは、クリス・ペプラーさんの弟さんだけど、彼とやってた時には事件を起こしたことがあった。ブースの向こうでコンソール前にいるディレクターは、曲をかけてる間は当然そっちの音はリスナーに入らないから、雑談して笑ったりしてる。それを見てるうちに「これは使える!」と思って、確かマニックスの曲をかけてたと思うんだけど、曲が終わった瞬間に「俺がこうして真剣に喋って曲をかけてるのに、そっちでニヤニヤ笑ってさあ、もっと真面目に仕事やれよ!」って、でっかい声でブチ切れてみせ、さらに目の前にいるアランにも「君も一体なんなんだよ! 曲を聴いて俺の話にからんできてくれたりしないの!?」って、そういうのを突如、演技としてふってみた。収録中ね。そしたら、みんな即うまいこと乗ってきて、「すいません、すいません(震え声)」とリアクションしてきたから、そのまんまオンエア。放送への反響はハガキで受け取って次の週にはそれを読みながら喋ったりするわけだけど、もう本当にキレていたとみんな思ってたようだった。曲がかかってる間に急に思いつき、曲明けとともに突然怒鳴っているわけだから。

ゲストを呼んだのは、ロッキング・オンを辞めてからやったインターFMの番組で、その時は夜中の3時間が空いてるから、じゃあ全部やるかみたいなことになり、そうするとさすがに長丁場になるので、スーパーカーのナカコーとかに来てもらって迷惑をかけてたね。「じゃあ、あと残りはミキちゃんだけだね」とか言っておいて、結局呼ばなかったりとか(笑)。

局が同じで時々出てもらったのはジョージ・ウィリアムズ。彼は超ロック好きなイギリス人だけど、「ジョージはさ、名前が平凡すぎてイジメられたでしょう?」とか話をふると当たってる。「それ、日本でいうと田中一郎みたいな感じだよねえ」とか、そういうつまんない話で長時間もたせたりしていた。

雑誌の営業ツールとしてのラジオ

ラジオをやることになった当初は、レコード会社が今みたいに統合されていなかったので、レーベルごとに9社とか10社くらいあったのだが、これが一緒になってサポートしてくれる、つまりクライアントになって枠を押さえてくれるという話だった。

そうなるとCMもナショナル・クライアントとかのラジオ局が持っているスポンサーではなく、レコード会社になるわけで、これは音楽番組としてはこれ以上ない環境になる。まずギャラはどこからも出るし、番組をまた誌面にフィードバックできるし、営業的なツールとしても有効だし、番組としてのクオリティも高くできる。各社が横並びでやってくれるということで、ある程度の選曲の平等性みたいな配慮はすべきかもしれないものの、逆に言えばどこからも文句が出ないという話でもある。

で、後にソニーの社長になる北川直樹さんと、同じくユニバーサルの社長になる小池一彦さんがふたりして「増井ちゃん、やってみいや」って立ってくれたのね。今から考えると、スゴい人たちが目をかけてくれたと思うんだけど、ふたりでリーダシップをとって話を進めてくれて、ほとんど決まったところで、なんと北川さんが異動になってしまい、そしたら急にガタガタとなってしまい、でも、なんとかランディングする。

それでソニーの会議室に呼ばれて行ってみたら「こちらがパートナーになる人です」と紹介されたりして、こっちは何も事前に教えてもらってなかったから、「皆さんが勝手に決めるんですか?」と、こういうもんかなぁって戸惑ったけど。

ということで、当初思い描いていたよりは少し弱い環境ではじまったんだけど、だからなのか最初はわざわざ千葉にあるベイFMのスタジオまで収録に行かなくちゃいけなくて、それはもはや旅。2週間に1度、2回分の録り、45分×2本っていうのを行なうのだが、千葉から帰ってくると、もう半日つぶれてしまう。やがて、だんだん収録場所が都心に近くなっていって、次が幕張、最後は六本木のスタジオでやるようになった。

ちなみに、スタジオが変わるごとに収録方法も放送時間帯も番組名も変わり、番組名は最終的に「ロッキン・ホット・ファイル」。その頃にはもう慣れてきたし、六本木も近いし、そうとう楽になって、さっき言ったような、わけの分からん暴れはっちゃくみたいなことをやらかしたりした。

でも、やっぱり一番の売りは新曲を真っ先にかけるということで、そのためにディレクターの持ってる貴重な音源を手配してもらっていた。ラジオで最初にどこがかけるのか、っていうことは、レコード会社にとってデカいジャッジメントというかマネージメントで、まずどこからはじめるのが効果的かということをちゃんと考えるだろうから、そこで自分の番組を選んでくれるのは嬉しくもあったし、また当時のロッキング・オンが非常に力を持っていた証拠でもある。

雑誌とは違うリアクション

リスナーは、もちろん『ロッキング・オン』本誌もがっつり読んだうえでラジオもしっかり聴くという人も多くいたが、読者とはちょっと違う種類の人というか、返ってくるハガキの中身も若干ノリが異なっているところが面白かった。喋りに対してのリアクションというのは、文章に対するリアクションと違う。その時の声の調子とかノリとかがダイレクトに出るわけで、つまり本とは違う質の情報が届く。つまり、肉体的な部分に反応するわけ。「こんな声して、どういう顔してるんだ」みたいなハガキが届くわけだ。『ロッキング・オン』を作っていて「こんな文章を書いてるなんて、どんな顔をしているのかと思います」なんていう反応はあんまりない。いや待てよ。けっこうあったな。でも「文章の発信源を正確に探知したい」という願望としてであって、顔や声そのものに興味があるのとはちょっと違うと思う。ラジオはそういう、より生身の人物としてどうなのかっていう聞き方を当然されるはずだし、そこが面白くもあり、文章を書くのとは違うパフォーマンスだから新鮮で楽しかった気がするね。

ちなみに原稿が上手い奴は喋りが下手な傾向にある。性格も悪い（笑）。会話体のコミュニケーションが十全であれば、原稿に向かわざるを得ない必然というか、切実さが少ないでしょう。だからその能力が発達しない。あと、同じ編集者でも文章で訴える力がある人ってのは、タイトルとか見出し関係はへたくそ。見出しやコピーが上手い人は長い原稿が書けない。俺は原稿と喋りはそこそこだったけど、このタイトルだのコピーだのはいっつも下手だなあと自分で呆れていた。つまりどっちかと言えば原稿派だったんだね。表現することに入り込むのが基本好きって言うか。

伊藤政則《いとうせいそく》さんの朝まで放送している有名ラジオ番組では、各レコード会社のメタル担当ディレクターは、すべからく朝まで立ち会いをしなければいけないという掟《おきて》があったので、立ち会いと称して疲れ果てることを趣味にしていたが、こっちは来てもらってもどうしょもないからって断っていた。「立ち会い」は朝に疲弊してるから起こる現象のことを指すんじゃないよ！　それでも、見に来てくれる熱心な関係者は時々いたので、そういう場合は「ちょっと喋ってくれ」って、いきなり番組に出してしまう。「では、担当者から今回のアルバムの一番のポイント、ニュースバリュー、聴きどころなどを教えてもらいましょう」ってぶつけると、うまい人はもう何がなんでも伝えようとして喋るんだ。熱くパワフルに語ったりして、それがサラリーマンとしての仕事なんだからやるわけだが、さすがに緊張してしまって、妙に文学的なことを言おうとして失敗する人も中にはいた。「う、うーん、お話を聞いてみても、あまり意味が分かんなんかったような気もしますが、とりあえず曲を聴いてみて今のニュアンスを判断しましょう」とか言ったりして。「録り直しさせてくれ」って言った人もまったくいなかった。業界の人たちは喋りはみんな上手かった。でもそこでもさ、やっぱなにかを届けたいって気持ちの人と、多弁なんだけど通り一遍な人にきれいに区分されていたな。

発語の快感

今なら、小保方《おぼかた》さんの弁護士［三木秀夫氏。民事紛争でマスコミが殺到するような会見とかを担当することが多い］の真似が上手くなってるんだけど、そういう技も当時はまだ使えず。その弁護士は、報道陣が怖いとか緊張するなんてことは一切なく、もう仕切る仕切る。マスコミを手玉にとるというか、「そんなに感情的になられても、そこは話の筋が違いまんがな」「お次の方。ご質問はどないでっしゃろ？　やんわりとお手柔らかに頼んまっせ。なんせこちとら化学ちゅうもんには根っから疎《うと》いわけですさけな」って、去年は彼のものまねで居酒屋などを蹂躙《じゅうりん》していた。まあ、本当はそんな喋り方では全然なくて、俺が真似してると言っても、「そんな人間が世の中にいるか！」って言われちゃうんだけど、とにかく過剰なデフォルメするのが好きでね。

これは「発語の快感」という話にも繋がる、ラジオの話とは切っても切れないエピソードのひとつ。発語の快感ていうのは、なかなか気づきにくいんだけど、「J・マスシス」とか「ドクプレ」とか、居酒屋に入って「たこぶつ！」とか、そういう「言ってて気持ちがいい調子」のこと。

「剣と魔法のログレス」っていうゲーム・アプリがあり、そのCMに出てる謎の芸人で永野ってのがいる。その彼が「ログレスがすっきーー！」と言ってるのが俺はすごく好きで、そんなの自分だけかと思ってたら、その人は10何年間まったく売れてなかったのが、それだけで売れてしまったんだそうだ。で、実は暗いキャラで、物事の本質を見て揶揄《やゆ》したり斜に構えるところに自分の面白さがあると考えていたところ、まったく芽が出ないので開き直って一発芸みたいなのをやったら、そのキャラでブレイクしちゃって常に明るい人だと思われ、でも笑顔なんかムリヤリ作っていつも目を細める練習を怠らなかったもんだから、目がまったく見えてない状態。そういう変な芸がウケてしまい、そのログレスやらでお呼びがどんどんかかって、とっても困っており、ほんと大変で思考停止に陥って生きてる実感がなくなってしまったんだと、嵐の二宮君の番組で悲しさアピールをしてたんだよ。

ラジオの話を締めくくる話は、小保方さんの弁護士とか「ログレスがすっきーー！」とか、そうした妙なリズムというか妙な発語に着目し、それをまた自分でも身につける、そうした事実から、俺はロックの中でも変なものを聴く耳があるんではないか、って指摘する人間が現れたこと。つまり俺が見つけたアーティストっていうのは、そういうものを聴いておかしいと思い取り込んでしまう、妙なリズム感というか音楽を聴き分ける能力が関係してるんではないかという仮説だ。指摘してきたのは自分だが。

たしかに自分には音楽の素養はあまりないが、そういうサムシング・ストレンジ、キュリアスを聴き取っていたのかもしれない。なにもスウェードの耽美性《たんびせい》とかマニックスの〝モーターサイクル・エンプティネス〟の憂いを帯びたメロとかだけがすべてじゃないわけで、実は皆その裏にもっとへんてこりんなものを嗅ぎ取ったりしてると思うんだよね。アーティスト当人がギターと一緒に紡いでいる言葉というか調子というか、そこにフェロモンのように怪しいなにかを嗅ぎ分けているんだと思う。

「地方の人たちはかわいそうだ」

94年の誌面をみると「増井修　師走のビデオ・コンサート@下北沢ZOO［現在のQue］定員200名」、とある。まったく記憶にない（笑）。でも、それ以前に、全国6か所をポリドールの小池さんと一緒に行脚したのはすごくよく覚えている。広島には和田ラヂヲも来たりして、あれは面白かったなあ。

92年か93年頃、「みなと図書館ロック講座を全国に普及セシムル」という趣旨のもとポリドールが賛同してくれた、というか、単にポリドールに言われたからやっただけで、あとになって思いついた理屈だけど、北は札幌・仙台から、名古屋・大阪を経て広島・福岡まで、2年間くらいかけて、飛行機で日本全国をまわったんですよ。そして不法集会のごとく、ゴザしいたような会場で体育座りしてる客を相手に、ぼそぼそと喋って、不穏《ふおん》なビデオ・コンサートをとりおこなったわけ。

ちなみに、紹介するアーティストはポリドールのアーティストだけでなく、他社のものでもいいという条件も飲んでもらった。集客は、各地ともほぼ満員。

俺としては、後の「ロッキング・オン・ナイト」みたいなオールのDJイベントも含めて、すべてが中央発信で東京にしか情報がないという状況で、地方の人たちはかわいそうだっていう意識が常に頭にあった。だから、そういうところまで出かけて行って直接「あなた方に最新の音を聴かせます、ビデオも見せますよ」というサービスが提供されてしかるべきだ、という気持ちもとても強かった。

だって、いざ外タレが来日しても、チッタやクアトロや武道館、あとは大阪で1回だけ、みたいなツアーばっかりで、地方在住者は滅多にコンサートも行けないわけだし、こんなにたくさん地方の人に『ロッキング・オン』を読んでもらっていて、まして俺自身が地方出身なので、なんとかしてその気持ちに添いたいと考えていた。だから、その話には即乗っかった。

ビデオかけて、ちょこちょこ喋って……まだ、後にラジオで開陳するエンターテイメント性は低かったものの、それでもシーンとした中で時々くすくすっと笑いが起こるっていう感じ、そういう極めて地味な雰囲気ではあったが、やっててとても楽しかった。

なにが面白いかって、本編はさほどでもないんですが、現地に着いてまず最初に時間があるから、地元の市場とかをまわるのね。翌朝にもね。すると博多とかでは、魚の種類が多すぎて、玄界灘《げんかいなだ》ってやっぱ物凄いなあと実感する。仙台とかはドンコ［エゾイソアイナメ］しかいない。ドンコっていうと、あの辺の沖合にいる、ナマズに似た、鍋に入れると大変に美味な魚なんだけど、それ1種類しかないのだ。それが博多に行くと400種類くらい売っていて、やはり暖流と寒流がぶつかるところは凄いなと思う。黒潮は、茨城沖からはるかアリューシャン列島までぐーっと離れて行って、親潮っていうのはその反動でもってできている。君たち勘違いしてると思うんだけど、積極的な流れとして親潮というものがあるわけではないのだよ。黒潮の反動で形成されるだけのもので、そのぶつかる場所は金華山沖であるから、サンマしかいないんだ。分かる？　あ、そうなると2種類か［さかなの話、割愛］。

レコード会社が全国に支社を持てた時代

なにしろ出張したら電話がかかってこないし、現地ではことさらに真面目な商談もあるわけではなく、イベントで1時間半だか2時間しゃべったら後は呑んだくれてるだけ。いちおう台本みたいなものを前日に考えながらユルユルと書いたりはしてるけども、基本その場で適当に思いつくまましゃべってるだけだから、登壇に伴う準備のためホテルに缶詰になってるとかいうこともない。

まあ、とにかく外に出て行ってしゃべるということ自体が気持ちいいし、地元の風景や魚を見て、夜の街に繰り出して、そんな開放感はそこが東京じゃないからなんだね。面倒な人間関係も一切ないし、もちろん仕事だからちゃんとしなきゃいけない場面もあるが、必要な時間だけばっちり集中していればいいというのは非常に楽。これは海外出張もまったくおんなじ。現場では絶対に下手打てないが、それ以外に気を回す必要はないから。

当時そうやって全国6か所とかを回れたというのは、つまりレコード会社に腐るほど金があって、全国に組織化された支社を持てたってこと。今だったら全国に支社を持って何すんの、って話になっちゃう。せいぜい地元のテレビ・ラジオの整理整頓みたいな仕事しかないはずだ。対レコード店についての営業で「なんぼとってくれまっか？　なぬー、そんだけでっか」みたいな昔ながらの商人としてのやりとりなんてものは、今ではまったく消え失せてしまったわけで。

ところが当時は、レコード会社の札幌支店の営業マンだと、本当に北海道を1週間くらいかけて旅をしていたのだ。各地でビデオコンサートを行なうにあたっては当然、事前に会場の設営とか客の誘導とかの準備を現地の人がケアしてくれて、その後、彼らとは打ち上げみたいな感じで飲むことになる。向こうは歓迎してくれるし、その時入ったばかりの新入社員でそっちにまわされた人たちから聞く話は実に面白かった。

道東のほうのレコード屋を一軒一軒まわって、もちろん洋楽に限らず、演歌から何から持って「これをとってくれ」という営業を、電車に乗って行ってこなしていくのだが、まずは根室、次は北見、なんて具合に1泊しながらやってたら余裕で1週間はかかるんだそうだ。普通の国内営業活動が1週間の旅行になるという、なんとものんびりした時代だったのだ。彼らには出張赴任手当が出るし、かつ物価が安く、家賃も3分の1とかで都内より断然広いところに住んでいる。となると、レコード会社の社員というのは東京出身の人間がどうしても多いので、地方に行ってしまうと羽目を外してしまうというか、女と同棲してるなんてケースも多いわけ。金はあるし、仕事はゆったり、アーティストなんか滅多にこない。人間関係も親密で仲良くて、そもそも揉めるようなマターはほとんどない。

そうやって人生を送っていると、彼らは多くの場合「中央に帰りたくない」って言うようになる。特にその傾向が顕著《けんちょ》だったのは札幌と福岡で、そのふたつには「主《ぬし》」みたいな人間がいた。「辞令を断固拒否！」「頼むからいさせてくれ、もうこっちに拠点ができてしまいましたから、戻れと言われても無理です！」とかゴネ続けて長らく現地にいる人で、小池さんより年上だったりする。

そういう視線で地方を見たことがなかったので、新鮮だった。地元の美味い店に連れてってもらって、「ひつまぶしって、どうしてこんなに美味いんだ！　誰だこれ作ったの！　はじめて食ったぞ、こんちくしょー！」って。

でも、一瞬「ああ、地方もいいなあ」とか思うんだけど、自分自身は3日くらい東京を離れたら帰りたくてどうしようもなくなってたけどね。東京人じゃないから。

第11章 ストーン・ローゼズの復活

Blur Oasis The Stone Roses The Smiths Suede Elastica The Charlatans The Beatles Nirvana Beastie Boys Culture Club Wham! Beck Guns N' Roses Lenny Kravitz David Bowie Manic Street Preachers Paul Weller Aerosmith The Three Degrees The Rolling Stones Duran Duran John Lydon David Sylvian Bruce Springsteen The Stranglers Japan David Lee Roth Eurythmics Pink Floyd New Order Dinosaur Jr. Inspiral Carpets Pale Saints Ride Public Enemy The Byrds Taylor Swift Pet Shop Boys The The U2 Cheap Trick Faith No More Vanessa Paradis Kylie Minogue Transvision Vamp Bros Bay City Rollers Thom Yorke Rapeman Led Zeppelin Primal Scream Sheila E. Madonna Queen Coldplay Prince The Strokes Sonic Youth R.E.M. The Clash The Libertines The Style Council The Jam Happy Mondays Sting Sex Pistols Menswear Sugar Kula Shaker Weezer Veruca Salt Simon & Garfunkel Badfinger Blind Melon Kiss

ローゼズで『ビッグイシュー』を知る

ストーン・ローゼズが5年8か月ぶりのアルバム『セカンド・カミング』で復活した時は、そりゃもう大変な騒ぎとなったわけだが、彼らはその時『ビッグイシュー』［イギリス発祥のホームレスの社会復帰を目的に発行される新聞］にだけ先行インタビューをとらせて、その記事を独占最優先で世に出すというアイデアを実行した。こういうことをやったのは、ローゼズが最初だ。

この一大イベントにより『ビッグイシュー』は一躍その名を世に知らしめた。実際に俺自身も「そういえばロンドンに行くと地下鉄の入り口で、『ビッグイシュー！』って、がなってるオヤジがいるなぁ」と思い出しながら、それがどういうものかについてははじめて知った。ローゼズの復帰インタビューが独占で載った号は飛ぶように売れたから、彼らはそうやって協力することで、チャリティーへの欺瞞《ぎまん》なき参加というか、ホームレスの助けになることをやり遂げてみせたわけだ。ローゼズというバンドが、こういったプロモーションをしたというのは、大いに納得できる。

この時から『ビッグイシュー』というものが俺の中ではけっこう大きな存在になっていて、実はその日本版が立ち上がる時には、発行人や編集人にも話を聞き、そのビジネスモデルについて、なぜ立ち上げたのかとか今後の見通しや販売員の実態などについて、1か月くらいかけてかなり詳細な取材をしたことがある。

出版の人間なので、まず第一の興味は『ビッグイシュー』が本当に成立するのか、たとえば原価が幾らだとすると何部を売らなきゃいけないのかという話や、さらにはオリジナル・テキストを作るにはどれだけの時間と手間がかかるのかといったところにあった。

表紙は日本の著名人のほうが日本では売れるに決まっているだろう。しかし、まだ『ビッグイシュー』に出ることはひとつの社会参加であり、ステイタスにもなるというような意識がアーティスト側に定着するのは先のことだろうし、実際、日本版が2003年9月にスタートした当初での内容は、海外のものを翻訳したスライド記事ばかりだった。海外の人たちは「やったあ、『ビッグイシュー』で喋れるぞ」って喜んで出る傾向にあるが、日本では逆にイメージが悪いという評価すらあった。つまり成功したアーティストが彼らの取材に応じるのは、販促のツールじゃなくて、社会参加の度合いを示す、という成り立ちなんだよね。それがルールとなっていない日本でどうするのか。

発行人は佐野《さの》章二《しょうじ》さんていう人で、まずそのヒューマニズムに関心があって、動機を執拗に聞いていくんだけど、結局はこんな話のほうにリアリズムを感じた。

地元の大阪では土地勘があるから、うまいこと販売ルートを開拓できた――つまり『ビッグイシュー』を売るためにホーム

ローゼズ復活の独占インタビューが掲載された『ビッグイシュー』（94年12月）

レスが立つ「場所」を確保できた。ところが「東京では、なかなかそれができなかった」という。最初にそう聞いた時は一瞬、どういうことなんでしょう？　東京では立つ場所が分からないって、「人のいる場所に立ちゃいいんじゃないですか？」と思ってしまったのだが、つまりは勝手に立って売ってると警官が来て「こんなとこでモノ売ってるんじゃねえよ、おら」と排除されてしまうってこと。さらには、今でこそ、そういう人はほぼいないと思うけど、「おめえ、ここで何やってんだあ。誰に許可とってんだコラ！」とヤクザが出てきて、その双方から怒られる最悪の状況に陥る。だから、販売場所を確保するために、まずはちゃんと警察にあたって、そこから理解と協力を得る努力が必要だったわけ。

「『ビッグイシュー』がビジネスとして成功するか否か？」っていうところに興味を持つ一方、個人的にもっと興味があったのはホームレスそのもので、彼らはどうしてホームレスになったのかということにも、なぜか関心があった。朝5時半、高田馬場に集まった10人くらいのホームレスに、結束された『ビッグイシュー』を「今日は何部です」と販元が配るのだが、その現場まで行って、販売員の人たちに「ちょっと1時間くらいいいでしょうか？」って、座談会をしてもらったこともある。もちろん、ひとりひとり個別に話を聞いたりもした。俺はその時にはじめて、まあ、そういった浅い範囲の取材ではあるけれども、ああ、これは……という事実に気づかされた。

販売員の人たちに「立ち直れたら皆さんどうしますか？」と聞くと、誰ひとりとして「以前の生活に戻りたい」とは言わず、「また旅に出たいです」とか答える。これじゃあ終わらないだろう、その場しのぎにしかならない幾ばくかのお金で、また旅に出てしまうんじゃ……。「それは、ホームレスに戻るってことですか?」と訊くと、「まあ、そうなってしまいますね〜」みたいな反応だ。

そこで「見てて思うんですけど、ホームレスに女性がいないですよね、なぜだと思います?」と質問したら、最初はみんな「いざとなれば女は使えるもんがあるからね、ケッケッケ」とか笑ったりしてたのが、そのうちだんだんシリアスになってきて、こちらが「そうでしょうかね、やっぱり男のほうが弱いからなんじゃないでしょうか」って言うと、シーンと静まり返ってしまった。男のほうが傷をいつまでも抱えちゃって治らないっていうことなのかもしれない。女のほうがタフで、環境や相手が変われば……まあ、治らない人もいるんだろうけど、男の変なプライドとか頑固さと結びついた治らなさ加減は、非常に悲しいものだなあと、そこはホームレスの人たちにちょっと共感するところもある。だから、マンチェスターの百姓とか、ボンベイ・ロールとか言ってる場合じゃないんだよ!

武道館で8冊しか売れなかった『ストーン・ローゼズ・ドキュメント』

ようやくセカンド・アルバムがリリースされたというのに、ジョン・スクワイアがサンフランシスコ滞在時に自転車ですっ転んで骨折し、ボルトを入れる手術をしなきゃいけなくなって、いったんはブッキングされたツアーがすべてご破算になってしまうという事態となり、再来日公演は半年くらい遅れた。やるねぇジョンは、いつも土壇場で。ちなみに「そういえば足に入れたボルトはどうしたんだ？　とったんだったら読者プレゼントにするからくれ」って言ってみたけど、そしたら一度は了解したのにいざとなったら「とりたくねえです」だと（笑）。

そんなこんなで来日が延期されたので、じゃあ急遽その間に単行本を作って、日本公演のタイミングに合わせて出そうということになり、ものすごい突貫工事でやっとこさ作ったのが『ストーン・ローゼズ・ドキュメント』だ。そうして招聘元のスマッシュに、会場となる武道館の物販に置いてもらったのだが、当日の会場ではパンフレットが結構な勢いで売れている。パンフなんて、俺に一言くれとか聞いてきて本当に一言しか入ってないような、できあいの写真ばっかりでペラペラのしょうもない中身なのに、そんなのがバカスカ売れるんだから、その横にこれだけのヴォリューム の本をどかーんと置いたらスゴいことになるだろうと期待した。

そしたら、ライヴの翌日スマッシュから「売れた分の代金を清算するために一応お伝えします」みたいなファックスが届き、見ると8冊しか売れてない。

「なんじゃこりゃあ！　なにかの間違いでは？　ちょちょちょっとこれどうなってんの」と動揺し、「ちなみにパンフの売上は」と尋ねてみると、そっちは完売しましたという。最初はたまげたんだけど、そこで分かったのは「あ、会場ではこういうの買わないんだ、記念品じゃねえから」ってこと。本屋で発売してるものは、そっちで買えばいいわけで、ライヴ会場ではそこでしか買えないものを、自分が行った記念品、メモリアルに買うわけだ。ただ単にタイミングが合って、こっちのがコスパがいいだろうなんてだけでは、ひとつっつも売れない。そういう構造ははじめて知った。

『ザ・ストーン・ローゼズ・ドキュメント』（1995年9月刊）

そしてこの『ストーン・ローゼズ・ドキュメント』は、とにかくただまとめただけで、資料集ではあるんだけど、ひとつ編集の芯が入っていないと思う。すげえバンドが出てきたぞっていうノリが最初にあって、それがバーンとデカくなっていったストーリーを読者に任せちゃってるので、ずっと『ロッキング・オン』を読んできた人にしかそこは分からない。まあ、だからタイトルに「ドキュメント」とつけるしかないなと思ったわけだけど、要するに編集が誘導する筋道がないまま、ただ単にブチまとめた本になってて、そうなると読者のパイは限られてくるし、その人たちはもう全員『ロッキング・オン』を買って読んでるんだよね。新たにもう1回買わせるためには、そこにちゃんとしたストーリーを整理してあげなきゃいけなかった。それなのに、いたずらに再録だけして、むりやり間に合わせたっていう（笑）。

それでも、ペニー・スミスに写真を撮り下ろしてもらったのは収穫だった。その時からバンドのムードが、すっかり以前のイアンとジョンの姿とは違っているんだよね。巻末に載せた「僕たちはずっと一緒なんだ」みたいなこと言ってるスペシャル生い立ちインタビューも、ふたりで同席して行おうとしなかったし。そこをなんとかやってはみたものの、イアンがむりやりジョンを持ち上げて、ジョンのほうは気恥ずかしい、どころか、いたたまれないみたいな空気になっている。

ただ、この本は当時のファンなら、「どこを開いても読むところがある！」って感じにはなるはずだ。ストーン・ローゼズのレコードじゃないけど、いつどこで誰が聴いても気持ち良い、みたいにね。作為がない分ね。

ジョン・スクワイアの脱退

レニが辞めた後、95年の12月28日にストーン・ローゼズは、シェフィールドでアリーナ・ライヴを行なう。その情報を、来日時にマネージャーから聞いた俺は「それ絶対行く！」と現地まで飛んでいき、そこで〝ブレイキング・イントゥ・ヘヴン〟から〝デイブレイク〟に至るジョン・スクワイアの壮絶なギター・プレイを見て、「うわー！」と感極まった。武道館でもやってたし、オーストラリア公演での音源も残ってるけど、あの時はもう独壇場っていうか、本当にとんでもないものだったからね。

翌日に今度はウェンブリー・アリーナへと移動して、またローゼズ・イベントがあって、彼らの事務所が主導してるからマニックスも出ていたりしたんだけど、それが結果的にジョンが在籍したストーン・ローゼズの最後の公演となった。もちろん、その時点では直後またもそんな脱退劇が起こるなんて想像もしていないし、まあ、とにかく盛り上がってたわけ。

で、3か月後、ロビー・マディックスのドラムで1年間やってきたジョンが、いきなり3月に脱退してしまった。日本でも、「辞めないでくれ！」と、まったく何も仕掛けてないのに嘆願署名運動が自然に起こり、たちまち2000

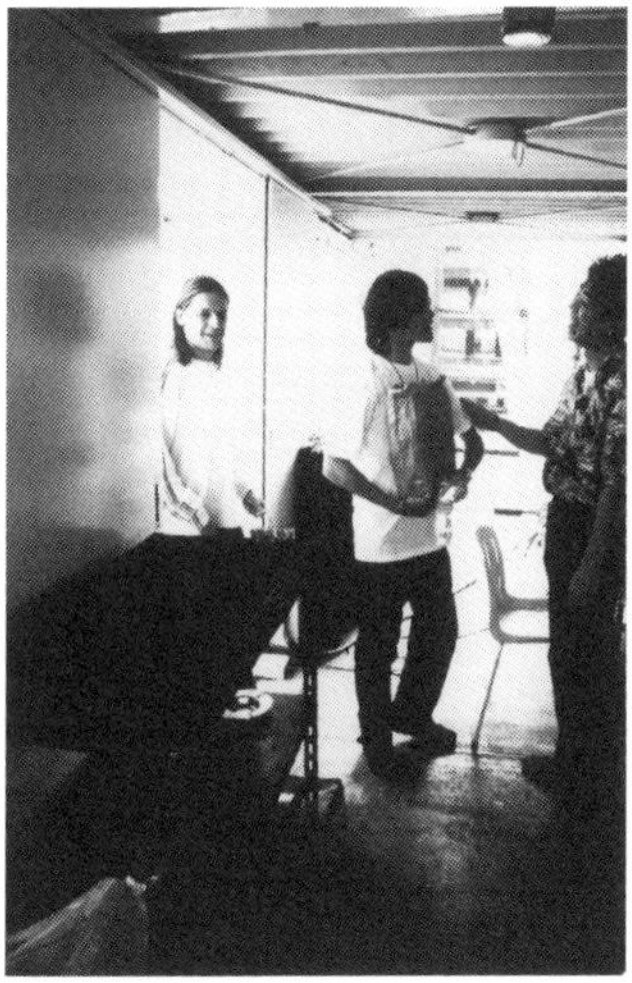

イアン・ブラウンとマニと著者

人分だか集まっちゃったから、それをジョンのところに持ってって、うりゃあ！とばかりに渡してきたけど、住所も連絡先も書かれた署名が速攻集まるのも異例なら、それも手渡しで、SNSとかもナシでだったからなあ。

ストーン・ローゼズというバンドに関しては、ジョンのパンツを読者プレゼントにした時もそうだったし、〝ラヴ・スプレッズ〟のシングルが出る時、先行でカセットを読者200人に配りますって企画もやったんだけど、それにも凄まじい数の応募が届いた。今だったらネットにアップして一瞬にして終わっちゃうようなことかもしれないけど、当時はそんなものなかったし、先に1曲だけ聴ける聴けないということ以上に、そのスペシャルなブツを持ってるか持ってないかということでファンとしての差別化がはかられるわけだから、そりゃもう欲しくてたまらないわけだよね。この3つだけ見ても、とにかくファンの巻き込まれ具合が洋楽としては半端なかったし、80年代の与えられるだけのファン気質から大きく様変わりしていた。

「変な感傷とかはまるっきりなかったよ」

今は『セカンド・カミング』の素晴らしさがほとんど語られていないけれど、このアルバムの曲はライヴで聴いたほうが断然スゴい。特に〝エレファント・ストーン〟がエポックメイキングな名曲の1発目だったとすると、レニが超絶仕事をやらかした〝ベギング・ユー〟は、『セカンド・カミング』のハイライト・トラックだと思う。最初に聴いた時は、どう考えても手が足りないんじゃないかっていう音で（笑）、実は多重録音だけど、まあカッチョよかった。あと、初期に作ったと思われる〝10ストレイ・ラヴ・ソング〟、「ストーリー」じゃなくて「ストレイ（多重）」って意味だけど、ああいう初期っぽいナンバーもあったし。詰め込みすぎてちょっと散漫というか、少し聴きにくくて、ファーストみたいな「奇跡」って感じの並びは作れていないけど、このアルバムには「行けるところまで行こう」っていう、ガンズのセカンドと実によく似た構造がある。それを駄作だの間違っただの言うのは無礼な話。

　ただね、〝フールズ・ゴールド〟のような、ファンキーでグルーヴィーなノリを極めたかったイアンに対して、ジョンは歴史に残る壮絶ギタープレイがしたかった。〝ワン・ラブ〟ではそれがかろうじて奇跡的な融和を見せているんだけど、なにしろイアンはポンポン作って結果は後から他人が決めるってな、いわばジャマイカン流態度だったのに引き換え、ジョンはさすがにギタリストとしてブリティッシュ・ロックの更新を担っていたからそもそも相入れないんだよ。これがセカンドに俺らが感じる違和の正体。両者はセカンドでは、まったく混在している。

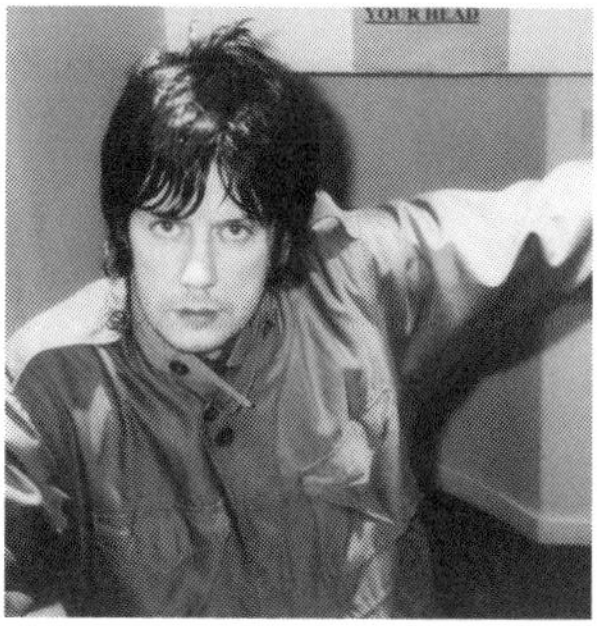

ジョン・スクワイア（撮影・著者）

　解散後のイアンやジョンの活動も、もちろん彼らのことは好きだからしっかり追いかけたし、ジョンのセカンド・ソロ・アルバムなんか、マネージャーと世界でいちばん最初に聴いて取材した。そもそもそのセカンドは、エドワード・ホッパーという画家にとりつかれて作った作品なのだが、一切なんの情報もなく聴いてるうちに「これホッパーのこと言ってるんじゃね？」と思ったので、翌日の取材時にそれをすぐジョンに言ったら、彼は「お前よく分かったな！」とブッたまげていた。自分でもよく分かったなと思ったけど（笑）。それにしても絵画からインスパイアされてアルバム作っちゃったって、完全に趣味だし、そんなことやっててもダメでしょう。実際その作品を最後に、ジョンはしばらく音楽を辞めて絵描きになってしまう。

ただ、ローゼズがなくなったことで落ち込んだりするような、変な感傷とかはまるっきりなかったよ。そんなことは当時の記事にも書いていないし、「今後は各メンバーによる、いいバンドがいっぱいできていいんじゃない？　そう信じましょう」というノリで、ただ事実に則した原稿で総括している。ジョンが脱退した時の記事でも、非常に巧妙というか、うまく読者の感情を引き受けながら、適切に対処した前書きを書いた気がする。

当時、ローゼズの解散でなんかもうガックリきちゃった……みたいなやつがトリビュート・イベントみたいなことをやりたいと言ってきて、そうなると俺が出て行かざるをえないというか、じゃあ顔だけでも出そうかということになった。それまでは図書館でビデオだけかけてちょこちょこ喋るような感じだったのが、人前でワーと叫んで「ここで最新ニュースです！」

みたいなことをやったり。もちろんそれは本を売る一環としてやってたんだよ。恥ずかしいのを我慢してからの。ただ、なんとなく版元は本作ってりゃそれでいいってな時代でもなかろうとの感覚もあったから。

そのせいか、江口寿史とか井上雄彦に「ライヴやりましょう、漫画家はライヴやんないからダメなんだ」って、けしかけた記憶がある。そしたら井上さんは実際にやったもんね。その場で描くとか、展覧会で喋るとか。江口さんは「それはウケなかったら大変なことになる」って嫌がってたけど（笑）。

ローゼズ解散の真相とその後

あらためてストーン・ローゼズの解散について書いておくと、あれはジョンとイアンの対立ではなくて、イアンとレニの対立から引き起こされたものだった。ジョン・レッキーもそういう意味のことを証言しているし、ジョンも原因がレニとイアンにあったとそれとなく話している。ただし、それはジョンの誇大妄想が引き起こしたという伏線が強烈でね、みんながジョンに気を遣っているうちにストレスが溜まりまくって代理戦争になったんじゃないかというのが推論。ジョンが頑張りすぎてワルなループに嵌っていたことは誰にでも分かるけど、結果がイアンとレニに出たってところが痛ましい。イアンが最後まで我慢しまくってジョンを立てようとしたからこそ逆にレニに爆裂したと思えるところもきっつい。イアンは本当にいい奴なんだよ、ここではっきり言うわ。でも、レニがあまりにも急に脱退してしまったから、ペニー・スミスの完成お披露目フォトセッションには、わけの分からない着ぐるみを着たやつが現れて、そいつを入れた4人での撮影になっちゃった。「なんで今日レニは来ないんですか？」って訊いても、「クスリを飲まされた」とか「空き巣にあった」とか、わけの分かんない言い訳をしていて。そして、レニは以降ずっと隠遁《いんとん》してマンチェで地味に主夫をやりながら雌伏《しふく》の時を過ごすことになる。

俺はでも、後々までローゼズは神話になるだろうってなんとなく思っていた。後に、最初にローゼズの写真を撮ったスティーヴ・ダブルというロンドン在住のカメラマンにも話を聞いたりしたんだけど、彼は「マンチェスターまで1時間半もかけて行くのかよ、めんどくせーな」と思いながら「寒いさむ〜い」と現場に向かい、しかもモノクロとカラー両方で撮っちゃったので「これじゃ赤字だ。まったくこのバンドいやだなー」ってウンザリした気持ちで帰ってきたんだなんて言う。それが後世においては歴史的なすんばらしいバンド写真となったのにさ。「俺は、この写真が世界中に出回ることになるとは思いもしなかった。しかも20年経って、おまえから電話かかってくるとはなあ」なんて言ってるけど、俺は違ったよ。

必殺のアルバムをこしらえてムーブメントを発生させ、やったこともない会場で新しいヴァイブを生み、ペンキをぶっかけ、ゲフィンと破格の契約を裁判で勝ち取り、ＴＶじゃ口パクを暴露するし、3年近くに渡ってインディーのスーパーロングセラーに居座る。オアシスが〝ワンダーウォール〟で全米2位になりましたなんてのより、やっぱ大きな存在だったし、インパクトとインフルエンスが断然違ったと当時から思ってたし、今でも同じ。

再結成のフジロック？　あんまり感想はここで言うほどのことでもないけど、しょん便臭くないバンドだし、音だなとは思った。あー、このバンドの音は青いのにしょん便臭くないわ、良かったたって。

第12章 『BUZZ』創刊

Blur Oasis The Stone Roses The Smiths Suede
Elastica The Charlatans The Beatles Nirvana
Beastie Boys Culture Club Wham! Beck Guns N'
Roses Lenny Kravitz David Bowie Manic Street
Preachers Paul Weller Aerosmith The Three
Degrees The Rolling Stones Duran Duran John
Lydon David Sylvian Bruce Springsteen The
Stranglers Japan David Lee Roth Eurythmics
Pink Floyd New Order Dinosaur Jr. Inspiral
Carpets Pale Saints Ride Public Enemy The
Byrds Taylor Swift Pet Shop Boys The The U2
Cheap Trick Faith No More Vanessa Paradis
Kylie Minogue Transvision Vamp Bros Bay City
Rollers Tom Yorke Rapeman Led Zeppelin
Primal Scream Sheila E. Madonna Queen
Coldplay Prince The Strokes Sonic Youth R.E.M.
The Cure The Libertines The Style Council The
Jam Happy Mondays Sting Sex Pistols
Menswear Sugar Kula Shaker Weezer Veruca Salt
Simon & Garfunkel Badfinger Blind Melon Kiss

「『WIRED』のパクリじゃないか」

『BUZZ』という雑誌は、俺が創刊して、利益も1号目から出しているにもかかわらず、3号目からはほとんどタッチしないどころか、すぐに編集長が代わるという、聞いたこともない本となった。

創刊号のデザインは、当時サイゾーの人に「『WIRED』のパクリじゃないか」とか言われて、実際そうなんだけど（笑）。これは俺自身まだまだだと思っていた。さすがに字が読めなくなるほどのスノッブな作りにはギリギリしていないが、右綴じの場合は右端から縦書きの文を組むのが普通なのに、あえて文章を横組みにしたりしていて、そうなると見開き2ページ単位で記事を作らなきゃならなかったり、そういうところはよく分かっていたけれど、まあ最初はそれでいいやと判断していた。

表紙もこういう、こじゃれた感じのは全然ダメだと思ってた。カッコイイと感じてくれた人は多いと思うけど、これは実は副編集長だった宮嵜《みやざき》（広司《こうじ》）のセンスで、俺自身は「こういう表紙やっちゃダメだよ」と言ったんだけど、彼が譲らないので、もう面倒くさいからそれでいいよと言ってしまった。俺はこういう表紙で売れてもダメだ、中に載ってるベックの写真だって、こんなことやっても意味がないと感じていたし、カッコつけるのは構わないけど、俺だったら例えばもっとだっさくて、ダイレクトなものを使ったと思う。そういうものがないと、どんどん形だけになっていって、わけが分からないものになってしまう。まあ、そういうことは、宮嵜もそのうち学ぶだろうなと思っていたし、実際そういうことかは別にして、修正していったみたいだけどね。それでも実質として創刊号から言いがかりをつけられないように、経営的には失敗したくなかったので、広告をいっぱいとって利益が確実に出るように作ってあったうえに、6万部も刷っちゃったけど、そこそこ売れた。

そもそも刊行の動機としては、ロックの雑誌ばかりやってきた出版社だけどれど、もっと広がりのあることをやりたかったわけ。自分の得意な分野である漫画はもちろん、ゲームとか文芸とかいろいろなジャンルの批評を入れて、連載のコラムも新しく展開したかった。つまり『ロッキング・オン』における「CULTURE CLUB」というページをヴィジュアル的に展開していこうという方針だった。今でいう『ダ・ヴィンチ』とか『ペン』とかあわよくば『ブルータス』みたいな、音楽雑誌じゃないところ、ポップ・カルチャー全般にランディングしたかった……ような気がする。最終的には『クイック・ジャパン』とか鉄人社の『裏モノJAPAN』になってもよかったというか。まあ、『裏モノJAPAN』は大アリだったな。

『BUZZ』創刊号（『ロッキング・オン』1996年3月増刊）

ただ、そうなると最後に困ってくるのは広告だろうということも予想していたので、ナショナル・クライアントをつけたり、苦労して踏み込まなきゃならないところもいっぱいあって、特に営業面は頑張らざるを得なかった。

この創刊号には、点字の広告が出ているけど、これなんか本当に大変で。この頃「Dの食卓」というゲームで時代の人となっていた飯野賢治《いいのけんじ》さんが、「目に障害がある人でもゲームができるというメッセージを点字でやりたい」というコンセプトを思いついたんだけど、この点字をどう作ったらいいか分からない。校正しようにも点字を校正できる人がいない。「誰に頼むのこれ?」っていう。現物を作るのも、エンボス加工とかいろんなやり方を試したけど、後ろから押して持ち上げたくらいじゃ結束した時につぶれてしまって、何がなんだか分からないものになってしまうので話にならない。結局プラスチックを盛って作ったんだよね。これだけで広告費とは別に180万かかるという見積もりが出たので、飯野さんに「どうします?」っておそるおそる聞いたら、彼はまるまる上乗せして払ってくれた。

「ロック以外でもロックと同じように人々に作用するものがあるはずだ」

永井豪《ながいごう》の見開きイラストとかも、よくまあやってくれたものだ。このサイズの本で永井豪に描き下ろしてもらったら、それだけでもう満足だっていうくらい。実際できあがってきた原稿

「buzz janx」コーナー扉（イラスト・永井豪）

を見たら「うひゃー」って、原画を持って逃げてしまいたいみたいな気持ちにさえなった。このイラストが目次扉になっている「バズ・ジャンクス」というコーナーこそが雑誌の核心部分で、書評であったり、ゲームの批評であったり、漫画家のインタビューとか、ロック以外の諸々が入っている。ここを反響を見ながら、総合的に経営判断しつつ、読者とのインタラクティブでデカくしていきたかった。

絞り込みは大変になるだろうなとは感じていたが、単に洋楽専門誌を2誌やっても意味ないだろうと思ってたし、ロック以外でもロックと同じように人々に作用するものがきっとあるはずだと考えてね。そのことを最も端的に表しているのが、鶴見済《つるみわたる》を連載陣に入れたことだろう。なんというか、生きにくさを抱えてて、ちょっとヤバいかも、死ぬかも、みたいな気持ちを持った人々へのシンパシーが俺はかなり強かったんだとあらためて思う。でも、実際は自分は普通の人だし、編集後記も過剰ではないし、ヘバってもないし、いいスタンスで書いてると思うな。そういう異端からの「楽しい本を作るのが目標」と書けているのは健全だった証拠だよね。

雑誌の名前を『BUZZ』に決めるのも曲折があった。その前に『BRIDGE』という雑誌を創刊した時に何も考えずに出しちゃったら、変な団体から訴えられて金で解決するハメになったので、抜かりなく慎重にやらねばならない。候補は山ほどあったが、今なら登録があるかどうか検索すれば一発で済むようなことを、いちいち特許事務所に調べてもらって「結果ご報告いたします。類似アリ。はい、調査費4万円」とか言われて（笑）。そういうことがネットですぐ分かるようになっちゃって、あの調べてくれてた人たちは今どうやって暮らしているのかな。そんなふうにしていろんな誌名のアイディアが散々NGになったあとの第6候補くらいに『BUZZ』が出てきたんだけど、この時も「BASSペールエール」というビールがあるとか言われて、みんなで「どうする？　こんなのあるんだってよ！　まあいいか、大丈夫か」って決めた。

ヴィジュアル的に新しいものにしたいという願望があったが、創刊号では、コンテンツの大事さと両立することに失敗してる。でも、それはそれで、わけが分からないエネルギーが充満してればいいかと俺は思っていた。実際ビジュアルの実務を一手に引き受けた宮嵜のセンスは優れてもいて、カメラマンを誰にするかとか、どこで撮るかとか、どういう写真をセレクトして、どういうページネーションにするかとかいうことに関しては完全に一目置いていた。だから、俺の考えていたコンセプトとはちょっと違ってしまったけれど、これで失敗するっていうことはないだろうと踏んだ。最初はそういう本として出して、よく分からないけどカッコいい本だなというインパクトから入る、ある種のスノビズムから入るのはありだろうとね。ただ、それが連続するのはダメだと思っていた。まあ結局、すぐ関わらなくなってしまったからどうでもよくなった（笑）。

あの出版社で、完全に止めちゃったのはこの『BUZZ』だけだ。他の雑誌については、どんなに出版当時のコンセプトがアレでも、続けるうちに軌道修正してなんとか持ちこたえるっていう、渋谷陽一ならではの執念があるんだけど、さすがに他人が出した本っていうか、彼の起動周回上からはずれて出た本は、そんなプライドとは別の次元にあったんだろう。

アドラー的な思想の渋谷陽一

精神分析学者のジークムント・フロイトっていうのは、要するに「こういう育ち方をしたから、こうなりました」とか「こういう事件があったので、こういう抑制を無意識の中にブチこんでしまいました。その反動がこんなふうに出ました」とか因果律《いんがりつ》で考える。無意識という概念によって、今の事象を説明する原理を得たというね。それが学術的にもシロウト占い的にも面白いものであることは間違いない。

一方で、アルフレッド・アドラーという人は、もともとフロイトの共同研究者だったんだけど、しばらくして決別し、そんなことをしても意味ないと真っ向から対立した。因果律に着目したところで何も変わらないどころか、だから俺はこうなのね、そうなのね、ちゃんちゃん、と今現在を肯定してしまう。そんなことを理屈付けしてもしょうがねえ、因果律で人間を説明できるかもしれないし、当たってることも外れていることもあるだろうけど、でも、「これからどうする？」という意思決定の助けにはひとつもならないだろう。でも、人間というのは自分の意思で好きなように生きていける、そういう積極性とポジティヴィティをもともと持っているものだ、というのがアドラーの考え方。フロイトの方は「今の自分はこうなんだ」と決められてしまうと、そこで自足して先に目が向かなくなるという大きな弊害がなくもない。

渋谷陽一の原稿とか論争を通して見ていると、自分には天啓《てんけい》がある、とまで神がかってはいないものの、そういうふうに人生を生きたいという強烈にアドラー的な思想の人だなということを感じる。何か人生をあらかじめ自分なりの目的に沿って芯を1本通すというか。他者との相互浸食によって自分が徐々に変わっていって、気がついたらこんなんなってました、みたいな運命論や謎や寓話を拒否する。そういう絶対化性質の経営者は稀にいると思うけど、当時の独立採算の評論家のメンタルなんぞも大きく超える覚悟と決意と自己実現への意欲、そういうものは俺には全然なかった。

「楽しかったんだよ、仕事がとっても」

じゃあ、なんで俺は『ロッキング・オン』でこんなに頑張れたのか？　取締役やって本誌の編集長しながら『ＢＵＺＺ』も創刊して……96年は新雑誌創刊と相まって確かに人生のピークと言えるような忙しさだった。『ＢＵＺＺ』はロッキング・オン社ではじめて創刊号から利益を出したのだが、そのための準備もしまくったし、同時期にストーン・ローゼズが解散しちゃって嘆願署名が２０００人分も送られてくるし。他にもトーク・イベントやラジオの仕事もあったりして、よくこんなにやってたなとは思うけど、自分では別に忙しいとは思ってなかった。そもそも家に普通に帰ってたし、きっちり寝てたし、徹夜なんか論外の外だし、楽しかったんだよ、仕事がとっても。

それが『ＢＵＺＺ』を出した後すぐ、2誌とも編集長をやめ、6月には取締役をやめ、9月には会社も辞めるという、ものすごい人生の大転換が訪れたわけ。その頃の、仕事をできない時期のツラさたるや、もう仕事がしたくてしたくてどうしょうもなかった。なんでそんなに仕事が好きだったかというと、つまり自分がやろうとしている領域に矛盾がなかった。いわば弱者とか少数者からの反撃として本を組織することが、ロック本では理にかなっていたんだな。

例えばさ、閉塞感を感じている時、うろちょろしてる時、人生をジタバタしてる時に何かしらの自由な発想転換のきっかけを与えることがロックには可能だよね。バッティイングセンターで弾打ってりゃなんとかなるってもんでもないし、セクロスさえしてりゃＯＫってな話でもないでしょ。つまりエンタメと称する一過性の気分転換でないものを追求したい。

それにさ、「ベッキーの何が悪いのか？」とか、「清原の何がアルコール中毒と違うのか？」っていうことはＴＶ的な当為《とうい》じゃ絶対無理じゃないか。そういう違和感は前提になるし、楽しいもんだからね。

「全員が若かった」

この頃の『ロッキング・オン』の部数の多さや読者のシンパシーの大きさというのは、もちろん時代の趨勢《すうせい》とかも関係あるに決まっているけれど、それとは別に、こういう俺の傾向――この仕事は必ず誰かの役に立っているはずだという思い込み――によって成されていた部分がある。読者のほうは当然「うざってえな、こいつ」と思った人もいるだろうし、まあ、そういう人は買わなかったと思うけど（笑）、結果的に俺は非常に多くの読者に支えられて助かっていたというのは事実だ。それは、俺にそういう能力があったというより、俺のほうでも何かを必要としていたというところで相互に立脚点があったんだろう。

俺のインタビューとか原稿って、自分でいうのもなんだけれど、ツッコミどころ満載だったり、時には文章も「プロかよ？」ってものだったりするけれど、どこかチャーミングなので許される（笑）。バカって言われることももちろん多いけど（笑）。大事なのはチャームがあるかどうか。まあ、そういうのがなきゃいけないってことはないし、そんなことより、ちゃんとしたコピーをつけましょうよとか、みんなが聞きたいことを普通に聞けばいいじゃないか、ってのも合理的な考え方だけどね。その種の無謀ってか、無謀でも何でもないんだが、を真正直に言う知識や技量があるかってこと。

たぶんロック・イン・ジャパン・フェスに来てるような人たちに、「ロックを通じて何かを合理的に解釈して自由でいたい」なんてことを言ったら「どこの宗教？」って話になるんじゃないか。「ロックをなんか大事なものとして扱ってるよ!?」みたいなさ。そもそも、今「テイラー・スウィフトがアップルを動かした、そこがロックなんだ！」なんて話をしても、「内田裕也ですか？」とか思われるよね。「もしかして怒ってません？」とかさ。実はそれは大事なことだし、コマーシャリズムの一翼を担っている人が違和を唱えたら意味のあることなんだけど、振りかぶったら拒絶されるバランスが時代にはある。

20代の頃はもうついていくのが精一杯で、読者のことなんか考えていなかったけど、編集長になってからは、「お金を儲ければいい」は変わってないが、その筋道にはなんかプラスアルファが必要なんだなとは感じていたし、そこんとこはヒューマニズムではなくって、そう、文字通りオルタナティブかなと実感してた。会社をデカくすればいいとか、そういうことではなくなっていたんよ。

ローゼズからジョンが脱退して署名が集まった時に、あるカメラマンが恵比寿の「みるく」というクラブで、ローゼズ展みたいなイベントをしたんだけど、そこに行ったら「ジョンが辞めるんだったら自殺します」とか言い出す女の子たちがいて……まあカートの件とかも記憶に新しい時期だし、その頃は安易にそっちに流れがちな空気があったからだけど、「ジョンレノン教」の話とは違って、ほっとくわけにはいかないから、何時間も「そりゃアホな考えだよ」って話をしてね。その時も「少年少女の心理というのは繊細で脆《もろ》くて浅はかなものだ」みたいな上から目線ではなかった。

ただね、ものを書いて何かを訴えて、それが読者に届くということは、こっちの何かをぶんどられるということを意味していると思う。すごく大事なものを冒されたような、やられちゃった感。捨てなきゃいけないっていうか、取り引きしなきゃいけない。多分もっと偉い作家さんなんかは本当にそう感じているんじゃないかな。アイデアがなくて世界中まわって、みたいなのと違って、少しずつ感性を切り売りしてるっていうのか。自分の人生だろうが感じ方だろうが、店に入った感想だろうがプライバシーだろうが、何かしらを売り渡さなきゃダメなんだっていうね。そういうものも同時に感じていたな。

ロッキング・オンってのは特殊な会社で、やたら人間関係がややこしかったり、ある意味では強烈な団結なんだけど、どうにも殺伐としていて、時にはバトルに近いようなことも繰り広げられていた。その理由は「全員が若かった」ってことに尽きる。みんな20代で、ひとりだけ俺より10も年上の親みたいな人間がいるっていう会社で、働いてるのはそもそもエネルギーあり余ってる思春期状態で、しかも聴いてる音楽は自由のロック。そういうやつらが集まってるわけで、そりゃなんかあるだろう。普通は会社って、もっと知恵と狡猾《こうかつ》さを身につけた年長者がいるわけじゃん。そういうのが調整役を果たしたり、「まあまあ君たち」とか言うようなクッション役がいるものだ。大久保さんなんかは政治家になっただけあって、ホッとする緩衝役っていう感じの人だったけど。あとは全員が切ったはったやってるみたいなところがあって、そりゃもう血なまぐさいことになるよ、ならないほうがおかしい。そんなもん集めて1年中キャンプやってたら問題おこるに決まってるでしょう。それを個々のせいにしてもしょうがないね。年寄りじみた今となっては瑣末《さまつ》なことだった、とかも全然思わなくて、当時は死活問題だし、悩むし必死だし、不愉快だったり嬉しかったりジェットコースターみたいになってるわけだから。そんな変な会社ねえよなあ。

卒業

1997年になると、もう『ロッキング・オン』の実務を、次の編集長になる宮嵜にかなり任せてしまっていた。彼に本を渡すこと自体に抵抗感はなくて、「いや俺のもんだから、ホールドしとく!」みたいな態度はまるっきりなかった。『BUZZ』の創刊で忙しかったということもあるし、『ロッキング・オン』は卒業したかった。

たとえばこの年の2月号ではキッスが表紙になっていて、これも写真のセレクションから何から宮嵜が決めたものだ。だから、と言いたいわけでは決してないわけでもないが、それまで絶好調だった『ロッキング・オン』本誌の部数に、この頃から陰りが見えはじめている(笑)。特に4月号はエアロスミスの表紙で盤石だと思っていたので、それほどではない結果に軽くショックだったことを記憶している。

この年からは、もう表紙に「開き直りだ何が悪い号」とか載らなくなったし、編集長が変われば確かに本も変わるものだが、そんなにすぐ「別の本になってしまった」というほどの衝撃が読者に伝わるわけでもないから、しばらくは惰性で部数は変わらないはずだ。しかし、自分が編集長じゃなくなってからの『ロッキング・オン』は劇的に部数が減っていった。ちょうどこのあたりから「本が売れなくなる時代」に向かっての構造変化みたいなことが起きはじめていたんだろうし、何より洋楽のリアリズムがなくなっていったに違いない。

最後にタッチしたのは、97年6月号のシャーラタンズの記事。この時のシャーラタンズは、5作目『テリング・ストーリーズ』の完成直前にロブ・コリンズが事故死して、アルバムの最後が〝ロブのテーマ〟というインスト・ナンバーになる。前作の『ザ・シャーラタンズ』は、ファーストの『サム・フレンドリー』に次いで全英1位を獲得した好作品だったが、この『テリング・ストーリーズ』は北部人の朴訥《ぼくとつ》さを、いわばフォーク・ロックならぬロック・フォークで表現した作品。こんな健やかさはマンチェ二番煎じ常連とか言われ続け揉まれ、はじめて出てくるものだから本当にこれはいい感じだったよね。

辞めてから現在までについても話していけば、きっともう1冊の本ができると思うし、そっちのほうがドラマチックなんじゃないかと思うんだけど、求められていることに答えるにはまずここだし、当時読んでいた人たちがそれなりに納得し、自分の成長とか変貌を照らし合わせてくれたらそれで嬉しい。

ロッキング・オン天国《てんごく》

二〇一六年六月二日　第一刷発行

著者　増井《ますい》 修《おさむ》
協力　鈴木喜之
ブックデザイン　鈴木成一デザイン室
DTP　臼田彩穂
編集　圓尾公佑
発行人　北畠夏影
発行所　株式会社イースト・プレス
〒一〇一-〇〇五一
東京都千代田区神田神保町二-四-七 久月神田ビル八階
電話〇三-五二一三-四七〇〇 ファックス〇三-五二一三-四七〇一
http://www.eastpress.co.jp/
印刷所　中央精版印刷株式会社

 ISBN978-4-7816-1436-6

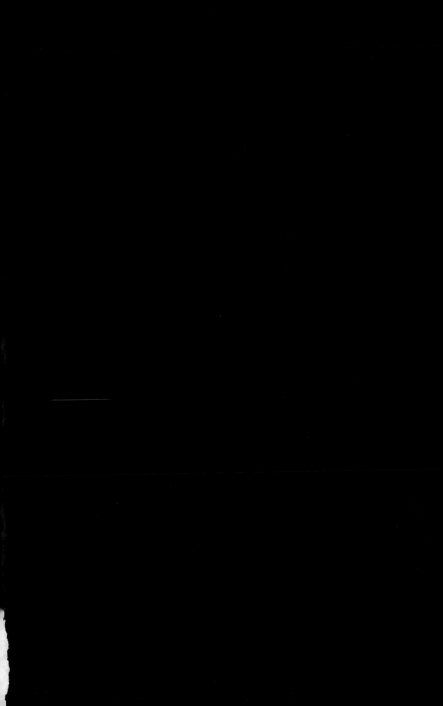